# VOLVER
# A NACER

Josué Rivera

Coautora

Mónica Padilla

# Volver a Nacer

**Dirección editorial**
*Wilma-Maia Díaz*

**Diagramación, diseño interior
y diseño de contraportada**
*Alondra M. Ferreyra Díaz*

**Diseño de portada**
*Ingrid Malavé*

**Fotografía de contraportada**
*Einalem Photography by Melanie Fonseca*

**Impresión**
*Canóvanas, PR*

**Derechos reservados**
*Josué Rivera y Mónica Padilla*
*Copyright © 2016*

**Información de contacto**
*787-730-9682 / contacto@volveranacer.org*
*RR-3 BOX 2606*
*Toa Alta, PR, 00953*

**ISBN** *978-0-692-80987-7*

# VOLVER
# A NACER

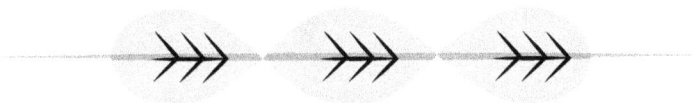

Josué Rivera

Coautora

Mónica Padilla

San Juan, Puerto Rico

2016

# VOLVER A NACER

*Este libro se lo dedicamos a nuestro Señor y Salvador, quien nos mantiene de pie por su gracia. Gracias por tu amor y tu fidelidad para con nosotros; por darnos una familia maravillosa y bendecir nuestro matrimonio. Te amamos.*

*Mónica y Josué*

## VOLVER A NACER

*Pero tú aumentarás mis fuerzas*
*como las del búfalo;*
*seré ungido con aceite fresco.*

*Y mirarán mis ojos sobre mis enemigos;*
*oirán mis oídos de los que se levantaron*
*contra mí, de los malignos.*

*El justo florecerá como la palmera;*
*crecerá como el cedro en el Líbano.*

*Plantados en la casa de Jehová,*
*en los atrios de nuestro Dios florecerán.*

*Aún en la vejez fructificarán;*
*estarán vigorosos y verdes,*

*Para anunciar que Jehová mi fortaleza*
*es recto, y que en él no hay injusticia.*

*Salmo 92:10-15*

# Contenido

La salud es para todos los seres humanos un factor fundamental en el curso de nuestras vidas. La ciencia, la religión, la familia y la pareja son pilares fundamentales para brindar apoyo a la persona afectada. En mi larga carrera profesional he visto casos en los que, a pesar del pronóstico sombrío de la ciencia, los pacientes han preservado sus vidas. Josué es un claro ejemplo de este milagro de vida.

El eminente psicólogo y psiquiatra Abraham Maslow menciona, en su pirámide de las necesidades, la salud y la seguridad como factores primordiales en la vida del ser humano. En su publicación, el distinguido científico olvidó mencionar algo muy importante, la fe y la confianza en el Creador que nos escucha, nos consuela y nos redime de nuestras aflicciones.

El lupus sistémico eritematoso es una enfermedad incurable del sistema autoinmune. Su pronóstico es muy incierto, sobre todo en el lupus renal, y su desarrollo en la adolescencia conlleva diálisis en los años posteriores. El autor de este libro es un joven que desarrolló lupus renal a la edad de 13 años, pero su fe venció el pronóstico sombrío de su condición. Su fe en Cristo, nuestro Redentor y Salvador, junto a su familia, pareja, amigos, su iglesia y la ayuda de la ciencia, hicieron el milagro de revertir este pronóstico.

Hoy día, Josué Rivera Villamil es un joven de 37 años que, a pesar de todos los sufrimientos, limitaciones y frustraciones, ha superado todas las expectativas médicas, y es un ejemplo para aquellos que padecen de condiciones crónicas incurables. Lograr vivir una vida feliz junto a su pareja y familia, y ser ejemplo para otros con condiciones similares, además de llevar el mensaje de nuestro Redentor a los demás, es un logro excepcional en la vida de un ser humano que, según la ciencia, no podía estar vivo con este diagnóstico.

*Los sufrimientos de su familia a través de su proceso de enfermedad y tratamiento, y sobre todo, de su pareja, solo pueden ser superados por la fe y esperanza en Cristo.*

*Josué pidió y fue escuchado, como David en el Salmo 34:6-8:*

> *Este pobre clamó, y le oyó Jehová, y lo libró de todas sus angustias. El ángel de Jehová acampa alrededor de los que le temen, y los defiende. Gustad, y ved que es bueno Jehová; dichoso el hombre que confía en él.*

*Las enfermedades incurables crónicas no solo afectan el aspecto de la salud, también el aspecto económico, pues los estudios, tratamientos y rayos X, conllevan gastos inesperados, necesarios para darle al paciente las pocas oportunidades de vida que la ciencia puede ofrecer.*

*Josué, tu fe, tu fortaleza, te han dado vida, y espero que esto sirva de ejemplo para otros en situaciones semejantes. Algún propósito tiene el Creador para ti, al preservar tu vida. Gracias por permitirme compartir y evidenciar el gran cambio que se ha manifestado en ti. Has vuelto a nacer, para bien tuyo y de muchos otros.*

*Que Dios te bendiga a ti y a los tuyos.*


*Carmen Sáenz de Rodríguez*
*Board Certified Pediatric Endocrinologist*

*20 de marzo de 2016*

En primer lugar, quiero dar las gracias, la gloria y la honra, a Dios por darme la vida, por siempre estar a mi lado, en todo tiempo. Gracias mi Dios, por darme la oportunidad de vivir y por poner en mi corazón este proyecto, el cual te dedico a ti.

A mi amada esposa, Mónica, le agradezco su amor, comprensión, y por siempre caminar "la milla extra" por mí. ¡Quién diría que aquellas personas que ni se miraban y se saludaban de lejos, hoy se aman y caminan juntas de la mano! Gracias por creer en mí y ser parte de mi historia. Este verso, de una canción que canta Bobby Cruz, te lo dedico: "A mi huerto descendí, para estar en paz allí. Entre lirios y rosas, esperando estoy por ti. Amiga fiel, nadie me ama como tú."

A mis padres y mis hermanos, agradezco que siempre estuvieron y aún están a mi lado; a mi padre, por nunca apartarse de mí. Aún en los momentos cuando trabajabas más fuerte, sabía que estabas presente. Me enseñaste a luchar por lo que quiero; tus acciones y forma de ser fueron los mejores consejos. Dejaste de ser tú, por apoyarme a mí. Lo mejor de todo, me enseñaste a amar a Dios por sobre todas las cosas, sin importar los obstáculos de la vida. Lo que soy, te lo debo a ti; y gracias a ti puedo ver a Dios como mi Padre.

Quiero agradecer a mi madre, Margarita. Como la gallina junta sus polluelos, como una leona defiende a sus cachorros, así eres tú. Preferiste llorar en secreto, para que no te viera llorar; dejaste de comer, para que nosotros comiéramos. Sacrificaste más de lo que cualquier ser humano puede sacrificar por su familia. Aunque no me lo digan, sé que mi padre siempre te pide que me llames para saber cómo estoy. Ustedes son el vivo ejemplo del amor de Dios hacia sus hijos.

*Mis hermanos, Margarita, José Manuel, y Víctor, estuvieron siempre presentes en mi vida, para hacerme reír y no dejarme llorar; cada día de mi vida le doy gracias a Dios por esto. Especialmente, por las dos criaturitas que el cielo nos regaló, Coralys Nicole y Yuan Enrique, mis dos sobrinos, quienes son la mejor medicina cuando estoy enfermo.*

*A todos mis amigos les doy las gracias por su presencia en mi vida; Noel Santiago, Daniel Santiago, Joel Berríos, Leslie Berríos, Abigail Santiago, Orlando Cordero, Wilberto Soto, Manolo Soto, Ricardo Soto y Raymond Maldonado. Ustedes no fueron mis vecinos, han sido mi familia extendida. Leslie Ávila, Sharlim Soto, Carmen Lugo, tres grandes amigas, ¡gracias por su amistad incondicional!*

*Deseo agradecer a tres personas importantes en mi vida espiritual, al pastor y licenciado Rafael Torres Ortega, y a mis dos pastoras, Iris N. Torres Padilla y Vanessa Torres Padilla. Gracias por ser parte de mi historia, por su apoyo y sus consejos, los que han sido fundamentales en mi vida. Para mí es un honor y un privilegio haberles conocido, y trabajar mano a mano con ustedes.*

*No puedo dejar de mencionar a todos mis médicos; Dra. Carmen A. Sáenz, Dra. María Recurt, Dr. Rafael González, Dr. Jorge Rivera Herrera, Dr. Luis Rodríguez Sáenz, Dra. Figueroa y Dr. Clavel. Gracias por ser instrumentos útiles en las manos de Dios. A la doctora María Recurt y al doctor Rafael González, les agradezco haberme cuidado y escuchado con tanta paciencia. Ustedes son de gran estima para mí; han sido personas claves en mi vida. Muchas veces, solamente con mirarme, ya sabían cómo me sentía. Mis respetos y admiración para ambos. Quiero también reconocer al doctor Rivera Herrera, por estar siempre presente cuando más lo he necesitado; por ser mi amigo y un instrumento de Dios.*

*Agradezco de una manera muy especial a la doctora Carmen A. Sáenz, mi segunda madre. Gracias por creer en mí. Sin importar lo que podía decir la ciencia, nunca te rendiste, ni permitiste que yo lo hiciera. ¡Cuántas veces te desvelaste por cuidarme! Gracias por defenderme como a un hijo, por llorar conmigo, por tu amor y tus consejos. Aunque a veces pienses que no los tomo en cuenta, para mí son muy valiosos. Deseo decirles a todos mis médicos, que personas como ustedes son los que marcan la diferencia, y al hacerlo, dejan huellas imborrables.*

*Debo mencionar, también, a las enfermeras del piso de Oncología del Hospital San Jorge, especialmente a Cruz, Maldonado, Batista, Colón y Ms. Rivera. Mi eterna gratitud y admiración. Igualmente, a nuestras amigas del Center Diagnostic Laboratory, Janet, Yiyita, Ivette, Yolanda, y a sus padres, quienes siempre estuvieron pendientes del cuidado de mi salud. Gracias por ser de bendición a mi vida.*

*A Waleska y Roberto Orellana, gracias por ser el instrumento que Dios utilizó para impulsar este proyecto; por abrirme las puertas de su casa y por sus sabios consejos. Para ustedes, mi admiración y respeto. Agradecemos a Haydee Serrano, por apoyarnos en el comienzo de este sueño, que hoy se hace una realidad. Le doy las gracias a la señora Wilma Díaz, por aceptar el reto y acompañarme en este camino; por creer en nosotros y ser un instrumento de Dios. Y a todas aquellas personas que no he podido mencionar, pero que han pasado por mi vida y han dejado huellas. ¡Gracias!*

*Josué*

Provengo de una familia luchadora y trabajadora. Con el ejemplo de nuestros padres, Margarita y José, aprendimos a creer, confiar y amar a Dios por sobre todas las cosas. Soy el más pequeño de tres hermanos; mis hermanos mayores se llaman Margarita y José, igual que mis padres. Más tarde se unió otro integrante, un regalo de Dios, mi hermano Víctor, quien llegó a nuestra casa a los trece días de nacido. El día que llegó "Nolito", como le decimos de cariño, yo dejé de ser el bebé de la casa.

Mi padre nunca permitió que mi madre trabajara, para que se ocupara únicamente de nuestra crianza. Todas las noches, cuando mi padre llegaba de trabajar, mis hermanos y yo lo esperábamos con ansias, para jugar con él. De todos mis hermanos, mi hermana fue la más tranquila desde pequeña; pero mis hermanos varones y yo éramos otra cosa. Si no peleábamos, estábamos haciendo maldades; así que para mi madre no fue fácil criarnos. Éramos difíciles, nadie quería cuidarnos, pero contábamos con el amor incondicional de nuestros padres.

Comienzo mi historia con este preámbulo para que conozcas un poco de mi familia y de mis orígenes. Cuando llega una enfermedad o una situación difícil a nuestra vida, como yo la he vivido, no toca únicamente a la persona que está pasando por ella, sino también a la familia, a todas las personas que están a su alrededor. Este libro te mostrará que no importa cuál sea tu origen o clase social, si eres rico o pobre, a todos nos llega el día de la angustia, que no hace excepción de personas. Las vivencias que narraré te ayudarán a lidiar con las situaciones que estés sobrellevando, y serán una herramienta, un bálsamo, para que en medio de la prueba, recuerdes que no estás solo. Hay alguien que piensa en ti, que conoce tu dolor, tu sufrimiento, que está dispuesto a llevar tu carga y sobre todo, es FIEL. Dame la oportunidad de contarte mi historia, ser tu amigo, y presentarte a la persona que me dio las fuerzas para seguir luchando; y más importante aún, que restauró mi vida y sanó mi alma.

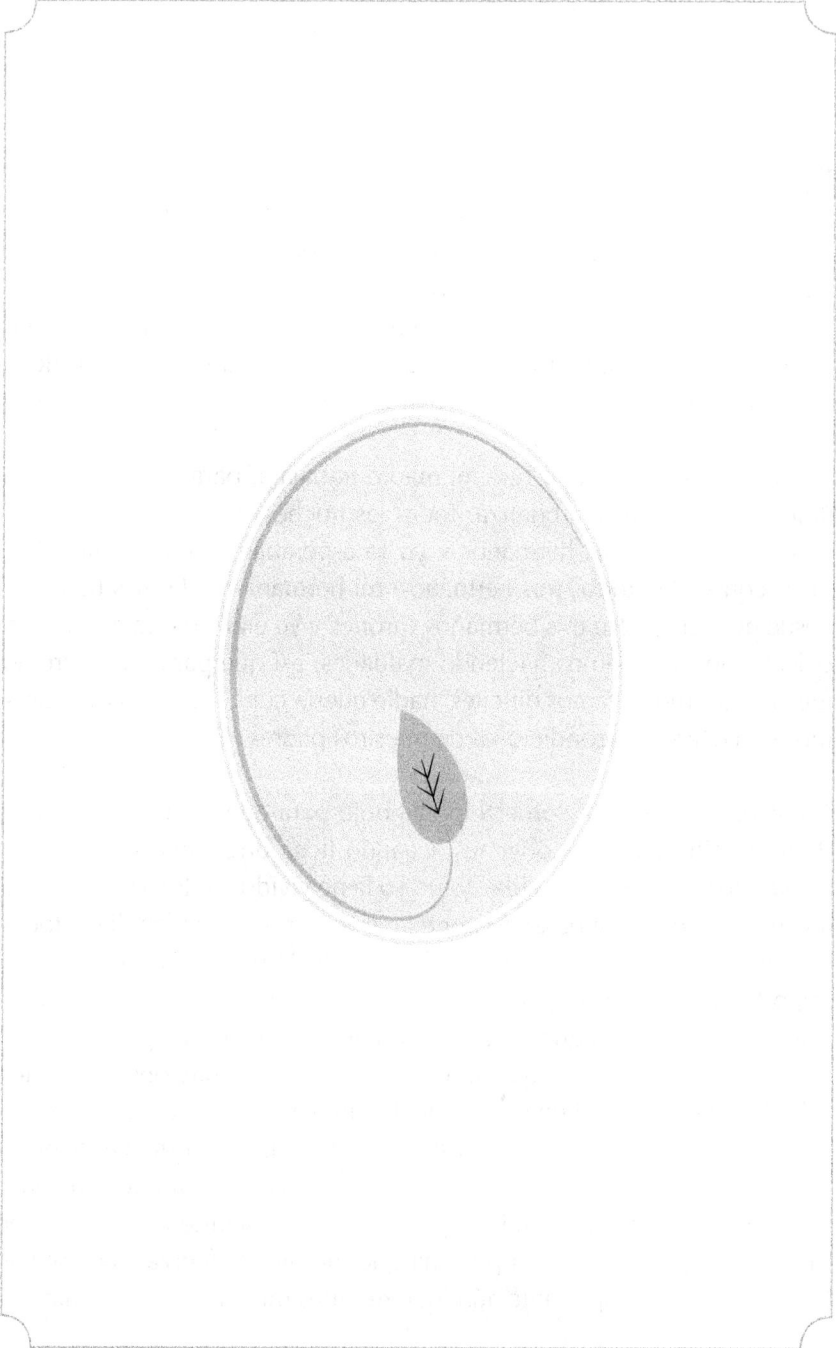

# PARTE I

Aquí comienza la historia de un niño, travieso, juguetón, siempre sonriente; sus travesuras eran la regla de cada día. Poseedor de una energía envidiable, nunca se quedaba quieto; pero fue siempre temeroso de Dios y respetuoso con sus padres. Hasta que un día, ese niño enérgico y fuerte cambió, y entonces fue débil, vulnerable y frágil. Una enfermedad trató, por todos los medios, de tronchar su felicidad y la de los suyos.

Ese niño soy yo, Josué; esta es mi vida. En los primeros capítulos conocerás mi niñez, y lo felices que éramos mi familia y yo, antes de que una situación inesperada de salud tocara a las puertas de nuestro hogar. Hoy abro esas mismas puertas a través de estas páginas, para que conozcas al niño que fui, y al hombre que se ha levantado. Lo mejor de todo, es que conocerás al Dios de mis padres y de mi familia. Quiero que sepas que ninguna enfermedad ha podido vencerme y aún sigo aquí.

Eres bienvenido a entrar a mi vida; las puertas de mi casa y de mi corazón están abiertas para ti. Juntos recorreremos esta historia, y a mi lado, volverás a nacer.

# Herencia de Jehová

>>> >>> >>>

*He aquí, herencia de Jehová son los hijos, cosa de estima*
*el fruto del vientre. Salmo 127:3*

Un 9 de enero de 1979, mi madre Margarita dio a luz a su tercer hijo. El niño nació saludable; ese niño era yo. Cuando me llevaban a la sala de recién nacidos, según indicaron los médicos, aspiré líquido y uno de mis pulmones colapsó. Tuvieron que entubarme durante una semana, para mantenerme con vida. Mi padre cuenta que cuando le permitieron verme, me dijo: *"Hasta hoy estarás así"*. Salió del hospital, miró al cielo y le dijo a Dios: *"Si lo sanas, lo entrego a ti y serás tú quien le ponga nombre"*. Al regresar al hospital, recibió la noticia de que yo había comenzado a responder al tratamiento; entonces pudo ver el milagro de Dios. Al corazón de mi padre llegó el nombre *Josué*, que significa *"Jehová es salvación"*. Tomó en consideración mi fecha de nacimiento, primer mes del año y el día noveno, y lo buscó en la Biblia, en el libro de Josué. Esto fue lo que leyó: *"Mira que te mando que te esfuerces y seas valiente, no temas ni desmayes, porque Jehová tu Dios estará contigo en donde quiera que vayas"* (Josué 1:9).

Creo que no es coincidencia que yo haya nacido ese día; el Señor ya tenía un plan trazado para mí. Un año después de mi nacimiento, mi padre tuvo un compañero de trabajo, quien siempre le hablaba de Cristo. Cada vez que este amigo se le acercaba para hablarle, Dios le recordaba a mi padre la promesa que le había hecho. A finales de ese año, se realizó un culto en casa de mis padres; en ese momento, ellos entendieron que el Dios del cual tanta gente les habló es real, y escucha la oración de sus hijos. Ese día, mis padres tomaron la decisión de entregar sus corazones a Dios. La Biblia dice: *"He aquí, herencia de Jehová son los hijos; cosa de estima el fruto del vientre"* (Salmo 127:3). Esa es la mejor herencia que Dios puede darle a cada padre, los hijos.

Voy a contarles un secreto; cuando mi madre ora, siempre dice: *"Señor, mis cuatro hijos te los entrego a ti, en tus manos están, porque no tuve hijos para que se alejen de ti".* A partir de este ejemplo de mi madre, el primer consejo que les doy a los padres es que entreguen sus hijos a Dios y declaren el bien para ellos, sin importar las circunstancias que puedan rodearles. Sé que la fe no exime de la realidad que vives, pero tu realidad no te exime de la fe. Recuerda que *"sin fe es imposible agradar a Dios"* (Hebreos 11:6).

## Lo inesperado

En el verano de 1993, mis padres comenzaron a notar un cambio en mi comportamiento. Era un adolescente y siempre había sido muy activo; pero ya no lo era. Antes era el comelón de la casa, y simplemente, ya no comía igual. En esos años, podía desayunar arroz y habichuelas; en realidad, me comía cualquier cosa que hubiera en la nevera. Al notar mi cambio, algunas personas les decían a mis padres: *"No se preocupen, eso es normal a su edad, está creciendo".* Pero mis padres comenzaron a preocuparse, y a poner más atención a mi desempeño diario. Lo que más les preocupaba de estos cambios era mi debilidad constante, y mi tendencia a dormir con frecuencia. Durante el año escolar, llegaba a la casa directamente a acostarme y me sentía muy débil; ya no era el niño activo de antes. Algunos pensarán que ese tipo de conducta es normal, cuando se produce el cambio de la niñez a la pubertad. Puede ser; pero en mi caso, no lo fue.

Mis hermanos, Joselito, Margo, y Nolito, se enfermaban con frecuencia. Sin embargo, yo siempre fui saludable. Solamente me llevaban al médico para visitas de rutina, o a consecuencia de alguna travesura; pues en algún momento me rompí un brazo, o me tomaron puntos de sutura en la cabeza. Era muy inquieto; bastaba que mi padre me dijera *"no lo hagas"*, para que yo hiciera lo contrario. Un día, mi padre me dice: *"Ve a bañarte porque vamos a salir"*. Abrí la ducha para que él creyera que yo estaba bañándome, y salí de la casa para irme a correr bicicleta. Mientras corría, se me atravesó una gallina y giré para no pisarla. Me caí al suelo y me lastimé el brazo. Cuando en mi casa tocaron en la puerta del baño, llamándome porque ya íbamos a salir, se percataron de que yo no estaba allí. Comenzaron a buscarme por todos lados, y entonces se dieron cuenta de que estaba en la calle, me había caído de la bicicleta y estaba lastimado. Mi padre, muy tranquilo, me recogió del piso y me dijo: *"Estas cosas pasan por desobedecer"*. Ese día nos iban a llevar al cine y en lugar de ver una película, terminé en una sala de emergencias. Hoy sé que *"el obedecer es mejor que los sacrificios"* (1 Samuel 15:22).

En el mes de septiembre se celebra en Puerto Rico el Día del Trabajo, y es un día de fiesta. Ese fin de semana, mis hermanos fueron al pueblo de Cabo Rojo con unas amistades de la iglesia a la que asistíamos. Yo no quise ir. Uno de mis amigos tenía un *go-cart,* y mi padre fue a comprar un galón de gasolina para que pudiéramos correr en él. Estuvimos desde la mañana hasta la tarde, sin parar, corriendo con el *go-cart*. El pobre carrito pedía misericordia, pues no lo dejábamos descansar. Esa noche, antes de acostarme, fui al baño y comencé a orinar sangre. Me pareció muy extraño y enseguida les dije a mis padres lo sucedido. Ellos pensaron que era por causa de haberme ejercitado demasiado durante el día, y nos fuimos a dormir.

Al día siguiente, sin tomar en consideración lo ocurrido, continué mis actividades diarias, las cuales incluían, por supuesto, el juego. En nuestra casa había todo tipo de juegos y entretenimiento; eso nos mantenía dentro del hogar, para tranquilidad de mis padres. Mis amigos no iban a los campamentos de verano y preferían pasar todo el día en mi casa, porque había piscina, billar, mesa de *ping pong*, cancha de baloncesto, en fin, nunca nos aburríamos. Mi madre estaba feliz de que todos estuviéramos en la casa, y además, a ella le encantan los niños.

*Es, pues, la fe la certeza de lo que se espera, la*
*convicción de lo que no se ve. Hebreos 11:1*

## El diagnóstico

Al notar que la situación del sangrado continuaba, mi madre decidió comunicarse con la endocrinóloga pediátrica que siempre nos atendía, para que me revisara. Entiendo que para la doctora fue extraño recibir la llamada de mi madre, refiriéndose a mí, porque siempre fui un niño muy saludable. Después de la llamada y para mi sorpresa, mi madre había preparado una maleta. En mi inocencia, pensé que no tendría que asistir a la escuela y estaría libre para jugar y divertirme. Escuché a mi padre cuando le dijo a mi madre: *"Les dejé dinero para que coman; cómprale al nene lo que le guste y me llaman por teléfono"*. Pensaba que sería, simplemente, una visita a la doctora, comer fuera, y pedirle algún juego electrónico a mi mamá. Pero no fue así. Me llevaron directamente a la oficina médica, donde fui sometido a estudios, laboratorios y rayos X. Escuché a la doctora cuando hacía las gestiones para conseguir una habitación en un hospital pediátrico. Ese día comenzó todo.

Me hospitalizaron durante tres días; continuaron haciéndome estudios y luego, me dieron de alta. Sin embargo, la doctora habló con mis padres para que regresara la semana siguiente, con la maleta y todo lo necesario. Recuerdo que un día de esa semana, mi madre fue a buscarnos a la escuela, y estaba con nosotros un amigo a quien le dábamos transportación, hijo de una compañera de la iglesia. Mi amigo y mi hermano le contaron a mi madre que me había quedado dormido en la escuela y me quejaba de un dolor constante. Al escuchar esto, rápidamente, llamó a la doctora y nos fuimos directo para el hospital. Tenía un dolor muy fuerte, pero no perdí el apetito; mi merienda no podía faltar, aunque estuviera camino al hospital.

Los estudios que me realizaron reflejaban una anomalía, pero yo todavía no podía entender cuán serio era el asunto, hasta que nos reunimos con un médico especialista en nefrología pediátrica. Al analizar los estudios, el doctor se percató de que los riñones estaban hinchados. Había algo en los resultados que le preocupaba y llamó a mi doctora de cabecera para consultarle. Entonces, pensé: *"Esto no me gusta"*. Dicho y hecho, hacia adentro me llevaron; me hospitalizaron otra vez. En el mismo lugar, a la misma hora, y en el mismo cuarto de la semana anterior.

Los médicos les informaron a mis padres que necesitaban realizar una biopsia del riñón lo antes posible, y ellos dieron el visto bueno. Esta fue la gota que colmó la copa. Luego de varios días en el hospital, me hicieron la biopsia y noto que no me dan de alta; me tenían que realizar dos estudios más. Ese día, me sorprendió que mi padre no fue a trabajar y se quedó junto a mi madre. Los médicos los habían citado en su oficina; necesitaban hablar con ambos sobre el diagnóstico. Ese fue el momento en que mis padres recibieron la mala noticia; la biopsia reflejaba que tenía una condición llamada *lupus sistémico eritematoso con nefritis renal*. La noche del 23 de septiembre de 1993 fue el comienzo de nuestra batalla.

# Comienza la batalla

>>>    >>>    >>>

*Jehová es mi luz y mi salvación; ¿de quién temeré? Jehová es la*
*fortaleza de mi vida; ¿de quién he de atemorizarme? Salmo 27:1*

¿Qué es el *lupus*? De acuerdo a la *Fundación de Lupus*, el lupus es una enfermedad crónica autoinmune que puede dañar cualquier parte del cuerpo; esto incluye la piel, las articulaciones y los órganos internos. El sistema autoinmune de una persona, normalmente, produce proteínas llamadas anticuerpos, que tienen la función de proteger el cuerpo contra los invasores externos, como bacterias y virus. Cuando existe esta condición, el sistema inmunológico no puede apreciar la diferencia entre los invasores externos y los tejidos sanos, y entonces produce auto-anticuerpos ("auto" significa "propio") que atacan y destruyen los tejidos sanos. Estos auto-anticuerpos causan inflamación, dolor y daños en distintas partes del cuerpo.[1]

Organizaciones especializadas en esta condición, como *Lupus Research Alliance*, explican que el lupus provoca recaídas en los pacientes. Esto significa que, por momentos, los síntomas tienden a empeorar y la persona se siente enferma; pero luego, pueden ocurrir remisiones y el paciente siente mejoría. En algunos casos, esta condición se combina con *nefritis renal*, cuando se manifiesta un funcionamiento irregular de los riñones. Estos órganos tienen la función de filtrar las toxinas y los desperdicios de la sangre; también ayudan a controlar la presión arterial.[2]

En algunas personas con lupus, los riñones se inflaman tanto que no pueden funcionar adecuadamente. Esta condición particular se llama *lupus sistémico eritematoso con nefritis renal* y debe atenderse con un cuidado especial, para evitar que los riñones sufran daño permanente. Ese fue el diagnóstico que mis padres recibieron el 23 de septiembre de 1993, día en que comenzó una batalla insospechada contra el *lupus sistémico eritematoso con nefritis renal.*

La noche en que mis padres recibieron la noticia de que su hijo tenía lupus, lloraron sin consuelo. La doctora que me atendía en ese momento, me conocía desde que yo era un bebé, ya que fue amiga de mi abuela; habían estudiado juntas. Sé que para ella no fue fácil darle la noticia a mi familia. A veces juzgamos a los médicos, y decimos que pueden ser fríos o insensibles cuando dan noticias fuertes a los pacientes y sus familiares. He meditado mucho sobre esto a causa de mi enfermedad, y sé que para los médicos también es muy difícil enfrentar estas situaciones, pues son hombres y mujeres de familia.

Ese día de septiembre, mis padres entraron a mi cuarto en el hospital, después de reunirse con los doctores; y yo, niño al fin, pensé que ya nos íbamos para la casa. Pero no fue así; vi que mi mamá estaba llorosa y mi papá me miraba con los ojos desfigurados de tanto llorar. La imagen de mi padre fue la más impactante para mí. Después de observar el rostro de mis padres, les pregunté: *"¿Qué les pasa? ¿Me voy a morir?"* No me contestaron nada. Cuando te dan una noticia así, no existe consuelo, no hay palabras que puedan levantar tu estado de ánimo. Piensas que el mundo se te cae encima; todo lo planeado se destruye en un momento. No quiero imaginar lo que estaba pasando por la mente de mis padres en ese instante. Lo que no sabe tu enfermedad o problema es que Dios es quien dará la batalla por ti: *"Jehová peleará por vosotros, y vosotros estaréis tranquilos"* (Éxodo 14:14).

Al recibir el diagnóstico, mi padre comenzó a orar pidiendo a Dios que le mostrara el porqué de la decisión que había tomado. Más adelante, se supo la contestación. A Dios no le cuestionamos, pero sí le preguntamos; parece lo mismo, pero no es igual. Te puedo asegurar que Él dará respuesta a todas tus preguntas. No conozco a un Dios que te deje solo, que sea cruel y se goce del mal; sí conozco un Dios que llora contigo, que enjuga toda lágrima y convierte la tormenta en calma. ¿Cómo respondieron mis padres a esta prueba? Se secaron las lágrimas y enfrentaron la batalla contra mi enfermedad. Cuando Dios te avisa o alerta sobre algo, no te deja a la deriva; Él te guía y mueve a quienes tenga que mover para ayudarte y consolarte. ¡Levántate! Seca tus lágrimas y juntos, tú y yo, comencemos la batalla.

*Claman los justos y Jehová oye y los libra de todas sus angustias. Cercano está Jehová a los quebrantados de corazón; y salva a los contritos de espíritu. Salmo 34:17-18*

## Perspectiva de una madre

Al llegar la enfermedad, mi familia tomó un papel aún más importante en mi vida. Ellos siempre fueron importantes, pero ahora eran mi centro y fortaleza, unidos en nuestra fe en Dios. Debo recordarte que yo era apenas un niño cuando comenzó esta historia; por eso he querido compartir contigo el testimonio de mi madre en este capítulo. Te contaré por qué.

Mi madre ocupa un lugar sumamente importante en esta historia. Desde que tengo uso de razón, la conozco como una mujer amable, alegre, una madre dedicada al cien por ciento a su familia. Siempre ha dado a mi padre el lugar que él se merece en nuestro hogar. Pero también es una mujer fuerte y decidida, valiente; a lo bueno siempre lo llamó bueno, pero a lo malo siempre lo llamó malo. Mi madre representa la columna fuerte de mi casa familiar. Recuerdo que una vez mi padre se quedó sin trabajo y ella, triste pero con valentía, secó sus lágrimas, lo miró y le dijo: *"Dios nos dará la salida"*. Sin pensarlo dos veces, no dejó que mi padre se desanimara. Esa es mi madre, y de ella he aprendido mucho. Mi padre, por su parte, nunca permitió que ella o nosotros pasáramos necesidades; lo teníamos todo.

Sin embargo, cuando me enfermé conocí a una mujer, por primera vez, vulnerable. Veía cuando mi madre se metía en el baño del cuarto a llorar y salía con la cara hinchada, después de un largo rato. Observé cómo su mente divagaba, de tanto pensar en lo que estábamos viviendo. Pero aún así, nunca la vi rendirse o dejar que el problema tomara ventaja en su vida. Aun cuando estábamos en el cuarto del hospital, ella no permitió que su familia decayera. Por ella, con su ejemplo, aprendí a enfrentar con valentía todos los problemas de mi vida.

A los que tienen a sus padres cerca, quiero invitarlos a ponerse en su lugar. La carga que llevan los padres para sacar una familia hacia adelante es muy difícil, mucho más cuando están pasando por una situación inesperada, como lo es la enfermedad de un hijo. Aquellas madres que están viviendo una situación similar a la nuestra, espero que este capítulo sobre mi madre les dé nuevas fuerzas para luchar, la valentía para seguir enfrentando los retos y la fortaleza para mantenerse de pie, como mi madre lo ha hecho. Por eso, ella es ahora la protagonista de esta historia.

---

**Testimonio de mi madre Margarita: "Por su gracia me he sostenido"**

*Clama a mí y yo te responderé.* Jeremías 33:3

*Un 23 de septiembre de 1993, a las 4:08 de la tarde, nos reunieron a mi esposo y a mí en una oficina médica, en el hospital donde estaba recluido uno de nuestros hijos. Esta reunión era para informarnos que el tratamiento que le estaban administrando a Josué, mi hijo, durante las últimas dos semanas, no estaba dando resultados; y por los análisis de laboratorio, los médicos entendían que había que hacer una biopsia del riñón. Les pregunté entonces, que si daba positivo, cuál sería el tratamiento a seguir. Sin titubear, me respondieron: "Quimioterapia". Sentí que mi corazón se detuvo, y se me nubló la vista. Mi esposo les* hizo muchas preguntas; ninguna de las respuestas fue positiva para nosotros. Los médicos estaban bastante seguros del diagnóstico. Les pedí que me permitieran retirarme; salí de la oficina médica y caminé hacia el estacionamiento.

Me detuve frente a un árbol que había en el lugar, y comencé a llorar y a gritar. Allí nací de nuevo, pues sabía que mi vida había cambiado, totalmente, en aquel momento. Comencé a decirle a Dios que yo había creído en Él y en sus promesas, y no entendía por qué estaba permitiendo esto. Respiré profundamente; había personas que me estaban mirando. Una enfermera se me acercó y trató de ayudarme; yo le pedí que me dejara sola. Le dije a Dios: "En este momento no lloraré más por mi hijo, el problema es tuyo". Mi esposo se me acercó y nos abrazamos. No recuerdo el tiempo que pasó.

Esa noche había un culto en un hogar en el pueblo de Carolina. El pastor de nuestra congregación tenía la palabra, y el coro, la alabanza. Mi esposo pertenecía al coro y me dice: "Voy a llamar, diré que no puedo ir". Pero yo le respondí: "Sí, vamos a ir; déjame hablar con las enfermeras, para que estén pendientes de Josué durante las dos horas que estaremos allí". Fui al cuarto piso, y las enfermeras me dijeron que no me preocupara, que Josué ya era un jovencito y se portaba bien. Entré al cuarto y al verme llorosa, Josué me preguntó por qué estaba llorando. Le contesté que el tratamiento había cambiado y teníamos que estar más tiempo en el hospital. Le expliqué también que tenía que resolver algunas cosas en casa y debía hablar con sus hermanos. Entonces, me preguntó si su papá estaba en el estacionamiento. Para tranquilizarlo, le hablé del culto al que queríamos asistir y me dijo: "Sí, ve, yo me quedo jugando; pero dile a Papi que suba cuando te traiga".

Llegamos al lugar del culto y ya habían comenzado. Mi esposo se integró al grupo de adoración. Yo caminé por la orilla de la marquesina, hasta llegar a una de las sillas que había al final. El pastor se dirigió a la familia del hogar. El coro cantaba su última alabanza, y el pastor retomó su mensaje para la despedida. Hubo un silencio, se levantó *una mujer de una silla y caminó hacia mí. Colocó una mano sobre mi hombro derecho, me sostuvo fuertemente, puso la otra mano sobre mi hombro izquierdo y me dijo de manera firme: "No me pidas que lo sane, que no lo voy a sanar; no me pidas que lo sane, que no lo voy a sanar; no me pidas que lo sane, que no lo voy a sanar." En tres ocasiones repitió la misma frase, en un tono fuerte. Y siguió diciendo: "Yo sé por lo que estás pasando; no me pidas que te quite esa carga. Hoy seco las lágrimas, solo bástate de mi gracia, solo bástate de mi gracia. Así dice el Señor".*

*Mi esposo se acercó a mí, me preguntó si yo estaba bien y le dije que sí. El pastor, quien no sabía nada de lo que había sucedido con nuestro hijo, ni tan siquiera que estaba hospitalizado, se acercó hasta donde estábamos mi esposo y yo, y nos preguntó qué estaba pasando. Mi esposo le respondió que Josué estaba en el hospital y que el diagnóstico no era bueno. El pastor nos citó en la oficina de la Iglesia, para que habláramos con él al día siguiente. Yo no pude ir, pero mi esposo sí fue, y contestó todas sus preguntas sobre lo que estaba pasando con Josué.*

*Al transcurrir los días, hubo que hacer ajustes en el hogar, tanto con los hermanos de Josué, como en lo económico. La biopsia había dado positivo, y el tratamiento cambió. Cambió tanto que yo no podía salir del hospital, para nada. Aquel cuarto se convirtió en una casa para mi familia. Mi esposo solo pensaba en aumentar las ventas de la semana, ya que trabajaba como vendedor de alimentos empacados para meriendas, con una compañía importante en Puerto Rico. Intentaba mejorar nuestros ingresos, para enfrentar la nueva situación. Los gastos económicos se duplicaron; cada día era más fuerte. Mi hija mayor estaba por entrar a la universidad; nuestro segundo hijo, al igual que Josué, estaba en escuela superior, y el menor en la escuela elemental. Dios tomó el control de mi familia, y nos convertimos en un equipo. No podemos negar que también había muchas preguntas y tristezas.*

*Dios colocó en nuestro camino personas especiales; médicos, enfermeras, personal que se dedicaba a la limpieza del cuarto piso del hospital, empleados del estacionamiento. Hubo personas de la iglesia que, cuando supieron lo que sucedía, se solidarizaron con nosotros. Aprendimos a ser uno, reíamos todos y llorábamos todos. En todo este proceso, Dios en silencio nos suplía, de la nada. Se ha cumplido lo que Dios me dijo el 23 de septiembre de 1993. No ha sanado a Josué, pero lo tengo conmigo, y solo por su gracia me he sostenido. Recuerdo estas palabras: "No me pidas que lo sane, que no lo voy a sanar".*

---

Muchas personas, en aquel momento, no entendieron lo que Dios había dicho a mis padres, y cuestionaron el mensaje que recibieron aquel 23 de septiembre. Muchos años han pasado, y ya soy un adulto. Lo que sí les puedo decir es que esa palabra se ha cumplido en nuestras vidas. Él siempre ha estado ahí, con nosotros; nunca nos ha dejado solos, como tampoco te dejará a ti. Él promete estar contigo todos los días de tu vida, hasta el fin; no te dejará en desamparo, aunque te sientas confundido y sin saber qué hacer. Lo puedo decir, porque lo he vivido. Aunque sientas que Él duerme en el silencio, su corazón vela por ti.

# CAPÍTULO 3

# La respuesta

>>> >>> >>>

*Como son más altos los cielos que la tierra, así son*
*mis caminos más altos que vuestros caminos*
*y mis pensamientos, más que vuestros pensamientos. Isaías 55:9*

Quizás te preguntarás por qué Dios envió ese mensaje a mis padres, el día que supimos de mi enfermedad. Si Él es un Dios que sana, ¿por qué no me sanó? Esa misma pregunta se la hice yo a Dios. Tengo un problema y es que mis sentimientos, a veces, se invierten; me explico. En momentos difíciles, en lugar de reaccionar con formalidad o seriedad, reacciono de una manera muy distinta. Esa noche, cuando me comunicaron la noticia del diagnóstico, en lugar de llorar, me reía. Cuando comprendí la gravedad del asunto, comencé a llorar y me dije: *"Me fastidié, me voy a morir"*. Pensaba que estaba soñando, que todo era una pesadilla; no lo podía creer. En mi mente, me repetía: *"Esto seguramente es una fatiga o una pulmonía; cuando todo pase, regresaré a mi vida normal"*.

Pero lamentablemente, no fue así. En el hospital, al ver que me cambiaban de habitación a una más privada, lloraba sin consuelo y pensaba: *"Esto no me puede estar pasando a mí."* Mi padre lloraba a mi lado y trataba de consolarme; pero yo sabía que, en su mente, le pedía a Dios que tuviera misericordia y me sanara. Al terminar las horas de visita, mis hermanos y mi padre se despidieron de mí y de mi madre, y se fueron a la casa. Comencé a pedirle a Dios que me aclarara la mente y me dijera qué fue lo que hice mal. No le cuestioné, pero tampoco estaba conforme con lo que le había dicho a mis padres. Así que le pedí que me dijera algo, lo que fuese, para poder entender lo que me estaba ocurriendo. Cuando me quedé dormido esa noche, Dios me presentó imágenes a través de un sueño, en las que me veía frecuentando malas amistades. En ese sueño, me vi envuelto en una redada de la policía. Dios me mostró lo rebelde que yo estaba con mis padres, sin razón. El que menos razones debía tener para guardarles rencor era yo. Recuerdo que al comienzo del décimo grado, empecé a sentir rebeldía. No estaba, en realidad, en malos pasos; pero algunas de mis amistades de la escuela, lamentablemente, sí. Hay un refrán que dice: *"Dime con quién andas y te diré quién eres"*. En ese sueño me vi atrapado, sin poder salir. Al despertarme de madrugada, le di gracias a Dios por contestar mis preguntas.

Pienso que de algo o de alguien Él me estaba protegiendo. Por eso, en el capítulo anterior les decía que a Dios no se le reclama; a Él se le pregunta. A veces, pensamos que estamos bien y no lo estamos; y más aún cuando nos apartamos de los caminos de Dios. La pregunta es: ¿Dios responde? Debo decir que sí. Dice la Biblia: *"Y antes que clamen, responderé yo; mientras aún hablan, yo habré oído"* (Isaías 65:24). Recuerdo que mi hermana me contó que el día en que recibieron la noticia de mi enfermedad, mi padre no dejaba de golpear el tablero del carro, llorando sin consuelo. Esa noche, Dios le habló a mi padre, y le dijo que Él tenía el control de mi vida. Dios estaba trabajando con nosotros; mientras a mí me hablaba en el sueño, también consolaba a mi familia. El Dios al cual le servimos es omnisciente, omnipotente y omnipresente.

Un domingo, recién enterados de mi condición y comenzando el tratamiento, escuchamos la voz de nuestro pastor mientras entraba al cuarto del hospital; su llegada me sorprendió. Vino con su esposa y lo primero que hizo fue acercarse a mi cama a orar por mí. Mis padres lloraban, mientras el pastor nos decía: *"Estoy con ustedes para lo que necesiten; voy a estar presente."* Y de hecho, así fue. Desde ese día, no dejó solos a mis padres; siempre estuvo pendiente de nuestra familia. Todas las semanas llamaba, y antes de que se acabara el culto de la iglesia, pedía que oraran por nosotros. Cuando venía de visita al hospital, las personas se acercaban a pedirle que orara por sus hijos y familiares.

Aunque en muchas ocasiones pienses que Dios te ha abandonado, quiero que sepas que Él es tan bueno que no te dejará solo, o sola, a la deriva. Él te dará la respuesta, la salida, y pondrá personas a tu lado que quizás no esperabas, para levantar tus manos cansadas y ayudarte en tu proceso. En este barco de la vida estamos todos, y no hay por qué preocuparse; el capitán que guía nuestra embarcación se llama Jesús de Nazaret. El salmista David decía, en el Salmo 34:6: *"Este pobre clamó, y le oyó Jehová, y lo libró de todas sus angustias"*.

*Conociendo a tu enemigo*

¿Quién es tu enemigo? Yo llamo al mío por su nombre: *lupus sistémico*. El tuyo no sé cómo se llama; identifícalo. Me llega a la mente la historia del rey Ezequías, cuando recibe una demanda de Senaquerib, rey de Asiria. Senaquerib era un hombre temerario; invade a Judá, ataca, saquea, e impone un gravoso tributo a Ezequías. El rey Ezequías fue al templo de Jehová, puso la demanda en sus rodillas y le oró a Dios (2 Reyes 18,19). De igual manera, para mí y para mi familia, era necesario conocer al enemigo para poder enfrentarlo y ganar esta batalla. En ese entonces, el lupus hacía fiesta en mi cuerpo. A mediados del primer año, mi madre me dijo: *"Josué, el tiempo de llorar pasó; tu papá y yo no te vamos a dejar solo en esto. Sécate las lágrimas, como nosotros lo hemos hecho y vamos a pelear. Pero antes de pelear, vamos a conocer qué es lo que nos espera."*

El día en que mi madre me dijo estas palabras, llegó una trabajadora social para hablar con mis padres. Recuerdo que mientras mi madre hablaba con ella, yo recibí la llamada de la hija del pastor. Llena del poder de Dios y antes de orar por mí, me dijo: *"Hijo, no estás sólo, tienes el apoyo de la iglesia, de tus padres y el mío."* Cualquiera podría pensar que alguien le había contado todo lo que yo sentía. Y así fue; el Espíritu de Dios le dijo cómo estaba mi corazón. Si alguien me conoce bien, después de mis padres, es la hija de quien entonces era nuestro pastor. Han pasado algunos años y hoy día, ella es nuestra pastora.

Al terminar la llamada telefónica, llegaron mis dos mejores amigos, Noel y Joel, junto a sus padres y hermanos. Noel era el dueño del *go-kart,* el carrito de la historia que anteriormente les conté, y Joel era uno de los amigos que siempre andaban conmigo en bicicleta. La habitación estaba repleta. Cuando mi madre terminó de hablar con la trabajadora social, llegaron mis hermanos, y también entraron al cuarto los doctores que me atendían. Venían a explicarnos los detalles sobre los tratamientos que debía seguir. Nuestros vecinos les hicieron muchas preguntas sobre mi condición, y los médicos las contestaron todas. Al terminar la hora de visita, todos regresaron a sus casas y mi padre vino a verme. Siempre iba primero a la casa después del traba-jo, se preparaba y luego venía al hospital, sin importar cuán cansado estuviese. Si por alguna razón no podía subir al cuarto, me llamaba por teléfono para que me asomara por la ventana, y así podía verme y saludarme.

Algo que no esperaba mi enemigo es que Dios utilizaría el personal del hospital, para ayudarnos a atravesar este proceso tan difícil. Estas personas no eran simplemente enfermeras, eran y aún son verdaderas amigas. Nunca podré olvidar a todos los médicos que intervinieron en mis tratamientos a través de los años; oncólogos pediátricos, urólogos, y tantos buenos profesionales que Dios puso en mi camino. Te preguntarás qué tienen que ver todas estas personas con la batalla contra mi enemigo. Es muy sencillo; cuando comienzas a enfrentar a tu enemigo, debes investigar hasta el más mínimo detalle. El enemigo va a querer que pienses que estás solo en la batalla, pero son muchos los que están a tu lado, más de los que crees. Es importante que tus amigos, familiares y conocidos, sepan de tu condición. Así podrán ayudarte cuando tengas alguna recaída. No tengas dudas de buscar ayuda profesional, ya sea pastoral, psicológica, o de trabajadores sociales. Todas estas ayudas no son solamente para el paciente, sino también para su pareja y la familia.

Todas las pruebas y situaciones que experimentamos nos hacen más fuertes. En mi caso, sé que la prueba no era tan solo para mí, sino que vino con el "combo agrandado"; lo fue también para mis padres y hermanos. Es difícil, a veces, conocer bien a tu enemigo (lupus, cáncer, esclerosis múltiple, diabetes). La mejor ayuda que puedes recibir proviene de los mejores entrenadores que puedes tener; se llaman *Padre, Hijo y Espíritu Santo*. Al igual que yo, el rey Ezequías, al ver las amenazas del rey Senaquerib, su enemigo, acudió al templo de Jehová. Dice la Biblia que puso las demandas delante de Jehová, y oró al Señor para que le auxiliara (2 Reyes 19). Cuando ponemos a nuestro enemigo a los pies de la cruz, Dios no solo te ayuda, sino que te da las fuerzas necesarias para seguir luchando en la batalla. Entrégale a Él tu problema y todo cambiará; recuerda estas palabras: *"Echa sobre Jehová tu carga, y él te sustentará; no dejará para siempre caído al justo"* (Salmo 55:22).

*Bienaventurado aquél cuyo ayudador es el Dios de Jacob,*
*cuya esperanza está en Jehová su Dios. Salmo 146:5*

### David contra Goliat

Antes de que David enfrentara al gigante Goliat, lo observó y conoció. Esta historia me fascina, porque David era un jovencito que no pasaba de los 16 años, cuando Dios lo llamó para enfrentar una prueba muy difícil. Antes de enfrentarse al gigante, David escuchó cómo Goliat fanfarroneaba e intimidaba al pueblo de Dios. Tu enemigo también tiene esta misma costumbre, y el ser humano suele pensar lo peor cuando recibe una mala noticia. A tu enemigo le fascina verte así, desorientado, sin guía, a la deriva.

Lo que el gigante no sabía era que David había sido entrenado con osos y lobos, porque fue pastor de ovejas. David se había preparado.

Tu enemigo te va a menospreciar, a subestimar, porque piensa que no podrás superar el enfrentamiento. Los médicos y profesionales de la salud mental siempre indican que debes mantenerte optimista, alegre y de buen ánimo, ante cualquier enfermedad. ¿Por qué? Cuando te deprimes, tu sistema inmunológico se afecta negativamente. ¿Es esto normal? Sí, el detalle decisivo está en dejar que la depresión te gane la pelea, o resistir y lograr salir airoso.

Según la Organización Mundial de la Salud, la depresión es un trastorno mental muy frecuente en el mundo, que ataca a unas 350 millones de personas, y si no es atendida, puede convertirse en un problema de salud muy serio. Además de tener efectos negativos sobre nuestro estado emocional, la depresión puede afectar las distintas funciones del cuerpo. Estudios científicos han identificado una relación entre la depresión y la salud física; por ejemplo, entre la depresión y las enfermedades cardiovasculares. Se ha encontrado que en las personas deprimidas se producen cambios hormonales e inmunológicos que pueden ser muy dañinos y afectar la salud de la persona, en muchas áreas.[3]

En mi batalla contra la enfermedad, he aprendido que mantener un estado de ánimo positivo es muy importante. Al comienzo, no fue fácil. Cuando me detectaron la condición, tuve que dejar la escuela, no salía del hospital, y a veces tenía que quedarme solo en la habitación. Deben recordar que el lupus sistémico ataca el sistema inmunológico y las defensas del cuerpo se debilitan. Si una persona enferma se acercaba a mí, podía contagiarme con alguna enfermedad. Por eso, cuando llegaban las visitas al hospital, debían utilizar mascarillas para prevenir cualquier contagio; y también, me mantenían solo en un cuarto, en aislamiento protectivo. Por las noches, cuando todos se iban, la habitación era mi amiga. El que no se deprima con este panorama, que me dé la receta; mucho más un joven de mi edad, acostumbrado a estar en constante actividad.

Sin embargo, déjenme decirles que una cosa es deprimirse y otra cosa es "comerse un cable", como decimos los puertorriqueños cuando hablamos del aburrimiento. Lo que comenzó con una semana en el hospital, ya se había convertido en varios meses. Por eso, un día le pedí a mi hermano que me trajera el *Súper Nintendo,* con todos los juegos que teníamos en la casa. Recuerdo que me subí en un sillón que había en la habitación, preparé las conexiones del equipo, y ¡a jugar se ha dicho! También recuerdo que el personal de mantenimiento me colocó un canasto de baloncesto pequeño en una ventana, cerca de mi cama, para que me entretuviera jugando. Así, poco a poco, mi depresión fue quedando en un segundo plano. Puedes ver que la palabra se cumple, como dice el Salmo 146:5: *"Bienaventurado aquél cuyo ayudador es el Dios de Jacob, cuya esperanza está en Jehová su Dios".*

## Oro pasado por fuego

Por esas fechas, cuando me descubrieron la condición, mis padres habían comprado un terreno e iban a comenzar la construcción de una casa. Todo estaba aprobado y listo. Un día, mi madre, al conocer lo que nos esperaba como familia, me pidió que me quedara solo un rato, mientras ella y mi padre hacían unas gestiones. Mi hermana se quedó acompañándome, mientras ellos regresaban.

A mi padre le habían regalado un *"trailer home"* bastante grande y lo habían ubicado en la parte baja del terreno de mi familia. Ese día, mi madre llamó a mi padre y le dijo que lo iba a recoger, porque necesitaba consultarle algo. Él pensó que sería algún asunto sobre mi situación de salud. Al llegar, mi madre le dijo que hablaría con el banco para detener la construcción: *"Vamos a subir el 'trailer home' y vivimos allí en lo que nos acoplamos y construimos la casa, poco a poco."*

Mucha gente le dijo a mi madre que estaba loca, que no sabía lo que hacía; sin embargo, mi padre vio que Dios estaba con ella. Mi madre, al ver el panorama de otras familias que estaban pasando por lo mismo, buscó una libreta. Mientras yo estudiaba en el hospital, ella sumaba y restaba los gastos que tendríamos que afrontar por estar hospitalizado tanto tiempo; y vio que los gastos eran excesivos. Al día siguiente de tener esa conversación, mis padres fueron al banco para detener los trámites del préstamo de construcción. Los funcionarios del banco, al enterarse de nuestra situación, no penalizaron a mis padres; comprendieron la necesidad que teníamos como familia y todo se resolvió de la mejor manera. Debo decir que antes de la enfermedad vivíamos muy bien, lo teníamos todo, y no dependíamos de nadie. Pero en ese momento, todo cambió. Mis padres vendieron todo para vivir en el *"trailer home"*, tal como mi madre lo había ordenado.

Si algo tengo que admirar de mi padre es su fe. Esa semana, su fe estaba siendo probada, una vez más, *"como el oro pasado por fuego"*. El día en que mi madre se encontró con él para hablar sobre los ajustes económicos que debíamos hacer, los supervisores y compañeros de trabajo de mi padre se enteraron de lo que estaba pasando. Mi padre trabajaba en una empresa de alimentos empacados. Él suele ser muy reservado con sus cosas personales; no le dice a nadie lo que le está pasando. Pero ese día, la situación era tan fuerte que no aguantó la presión, y se encerró en el vehículo de la compañía a orar y a llorar. De momento, notó que sus compañeros estaban a su lado y le decían: *"Kike, estamos contigo para lo que sea."* Desde entonces, la compañía se solidarizó con mi causa. Ellos nunca permitieron que me faltara un plan médico para apoyar mi tratamiento.

Los compañeros de trabajo de mi padre dieron cátedra de lo que se supone sea el evangelio; llorar con los que lloran y reír con los que ríen. Job decía: *"¿Recibiremos de Dios el bien, y el mal no lo recibiremos?"* (Job 2:10). Si algo habíamos entendido, como familia, era que estábamos siendo probados y debíamos aprender a depender de Dios, a confiar en Él y en sus promesas. Habrá momentos en que tu fe será probada, y tendrás que tomar decisiones radicales en tu vida. Muchos no te entenderán, dirán que estás loco, pero es necesario; es parte del crecimiento. No te preocupes, Dios tiene el control.

*¿De quién temeré?*

---

Tengo un buen amigo cuyo lema es: *"saca provecho de lo inesperado"*. No tengo dudas de que el Dios al cual le sirvo, saca provecho de lo inesperado. La Biblia dice: *"Y sabemos que a los que aman a Dios, todas las cosas les ayudan a bien, esto es, a los que conforme a su propósito son llamados"* (Romanos 8:28). Tu enemigo trata de influenciar tu mente, alma y espíritu. El gigante trató de jugar con la mente de David, pero no pudo. David, siendo pequeño, lo miró y le dijo: *"Tú vienes a mí con espada, lanza y jabalina; mas yo vengo a ti en el nombre de Jehová de los ejércitos, el Dios de los escuadrones de Israel, a quien tú has provocado"* (1 Samuel 17:45).

Ahora entiendo lo que decía David, en el Salmo 27:1: *"Jehová es mi luz y mi salvación, ¿de quién temeré?; él es la fortaleza de mi vida, ¿de qué he de atemorizarme?"* Tu enemigo, llamado problema, no te provoca a ti, provoca al que está delante de ti. Pero se le olvida que aquél que está delante de ti es más fuerte y peleará por ti. El lupus estaba tomando control de mi cuerpo, es verdad, pero de mi alma y espíritu, no lo creo. ¿Sabes por qué? Mientras mi enfermedad me atacaba, habían muchos orando por mí. Mientras ellos oraban, Dios usaba a los médicos; y mientras velaban por mí, Dios se glorificaba.

Nunca pienses que lo que estás atravesando es castigo de Dios; Él no es así. Su gracia y su misericordia son desde la eternidad, hasta la eternidad, sobre los que le temen; *"al corazón contrito y humillado, Él no lo despreciará jamás"* (Salmo 51:17). Estamos en la universidad de la vida y para poder graduarnos debemos pasar los exámenes que nos presentan. Dios es nuestro maestro y guía, no hay por qué temer. Sigue caminando, ¡no te rindas!

# Pilares del hogar

>>>    >>>    >>>

*Ninguno tenga en poco tu juventud, sino sé ejemplo de los creyentes*
*en palabra, conducta, amor, espíritu, fe y pureza. 1 Timoteo 4:12*

En este capítulo, quiero hablar sobre mis tres hermanos, Margo, Joselito, y Nolito; y mi familia extendida, mis mejores amigos. Recuerdo que en el comienzo de mi enfermedad, mi hermana estudiaba en la universidad, mi hermano Joselito estaba terminando la escuela superior, y Nolito, el menor, estaba empezando la escuela elemental. Si para mis padres fue difícil realizar todos los cambios necesarios para atender mi condición, cuanto más para mis hermanos. Margo y José tuvieron que asumir muchas responsabilidades en la familia, mientras mi padre trabajaba y mi madre me cuidaba. Aunque no lo digan, abiertamente, sé que fue muy difícil para ellos.

En lo que se habilitaba el terreno para subir el *"trailer home"* a su nuevo espacio, vivíamos en una casa de urbanización. Mi hermana salía de la universidad para hacer sus trabajos y preparar la comida; también ayudaba en la limpieza y a Nolito con sus tareas de la escuela. Mi hermano José salía de la escuela superior, recogía a Nolito en la escuela, y luego se iba directo al terreno para ayudar en lo que hiciera falta. Mira si Dios capacita y da sabiduría, que mi padre le decía a Joselito lo que había que hacer en el terreno y él, sin ser contratista, ligaba cemento y ponía bloques para terminar las tareas que le dejaban a cargo. Admiro de mis hermanos que no tan solo eran responsables, sino que eran celosos con todo lo que mis padres colocaron en sus manos. Cuando yo estaba en la casa, Nolito era mi compañero de juegos, siempre se quedaba conmigo para no dejarme solo.

Un día, recién salido de una quimioterapia, se nos advirtió que yo no debía salir de la casa, porque mis defensas estaban bajas. Mi hermano mayor, al verme pensativo y aburrido, sin decir nada a mis padres me llevó con él al terreno donde estaban construyendo, porque iban a nivelar el suelo y él debía supervisar el trabajo. Cuando llegamos al terreno, mi hermano se percató de que la labor no había sido realizada de la manera correcta. Miró al conductor de la excavadora, se le acercó y le dijo, con mucho respeto, que él entendía que eso no era lo que mis padres le habían pedido. Uno de los empleados le hizo un comentario despectivo, menospreciando su postura. Mi hermano se indignó, porque entendía que no habían cumplido con lo estipulado en el contrato. El hombre se le acercó, entonces, en actitud provocativa, diciéndole: *"¿Qué sabes tú de esto?"* Mi hermano, molesto, le contestó: *"Lo suficiente para decirle que eso está mal"*.

Como era de esperarse, el empleado y mi hermano comenzaron a discutir. De momento, en medio de la discusión, llegó mi mejor amigo, Noel, con su hermano. Se percataron de lo que sucedía y se bajaron del auto. Es posible que mi hermano no recuerde esta experiencia, pero créanme, yo sí la recuerdo; porque en ese momento pensaba: *"¡Dios mío, ayúdalo, pues si yo alzo el puño para defenderlo, me matan!"* Mi hermano, sin ningún temor -y si lo tenía, no lo noté- le dijo al empleado: *"Haz lo que quieras, pero en este lugar, mientras no estén mis padres, mando yo. Ese no fue el acuerdo; a mi familia y a mí se nos respeta."*

El hombre ya le iba a hacer frente a mi hermano, cuando mi padre llegó al lugar, se acercó a nosotros y preguntó: *"¿Qué ocurre?"* Mi hermano le contó lo sucedido y mi padre se dirigió al empleado diciendo: *"Mi hijo tiene razón; mientras yo no esté presente, él es quien manda y usted no está cumpliendo con el contrato"*. El hombre comenzó a justificarse, pero nuestros amigos le confirmaron a mi padre lo que realmente había ocurrido. Mi padre, molesto, le pagó el día y le dijo que el acuerdo estaba cancelado, porque primero estaba su familia, antes que un pedazo de tierra. Además, le exigió que le pidiera disculpas a mi hermano por haberle faltado el respeto.

En ese momento, Dios tomó el control de la situación. ¿Por qué? Nuestros amigos habían ido al terreno para saber si estábamos allí, porque su madre había cocinado para nosotros. Por otro lado, mi padre estaba llamando a mi hermano para decirle que iba de camino. Aunque mi hermano pensaba que estaba solo, Dios tocó a mis vecinos para que su palabra no fuera desmentida, sin contar con que Dios había inquietado a mi padre para que fuera antes de tiempo al terreno. Mi hermano, sabiendo que en número o fuerzas lo podían superar, defendió sin temor lo más preciado, el lugar que Dios había dado a mis padres para albergar a su familia.

*El jefe de la obra*

---

Cuando Dios promete, cumple. Él le dijo a mi familia que tenía el control de las cosas, y así fue. De lo único que mi hermano no se libró, fue del cuestionamiento que le hizo mi padre sobre mi presencia en el terreno sin permiso; y yo, con mi boca muy grande, le contesté: *"Vine para no dejarlo solo."* Sí, claro, yo pretendía defenderlo; ¡pero si no podía sostenerme en pie! ¡Ni yo mismo lo creía! A partir de las experiencias que he vivido con mis hermanos, mi consejo para los padres es que no subestimen a sus hijos; deben tenerles confianza. Cuando una familia vive unida en el amor a Dios, Él capacita y fortalece, aún a los más jóvenes, para que en situaciones difíciles tomen las decisiones correctas, y logren salir airosos.

¿Qué pasó después? Como decimos en Puerto Rico, *"Dios está pasao"*. El siguiente día del suceso con mi hermano era sábado, y casi siempre subíamos todos al terreno porque deseábamos terminar temprano las labores del día. Mi padre hacía algo especial los sábados, y los vecinos venían a compartir con nosotros. Al llegar, nos dimos cuenta de que el jefe de la obra y el conductor de la excavadora estaban en el terreno; habían venido a disculparse con mi hermano y mi padre por la situación del día anterior. Mi padre aceptó las disculpas y mi hermano les extendió la mano. Ese apretón de manos bastó para que ellos entendieran que los jóvenes pueden ser fuertes y sabios. De ahí en adelante, esa obra la dirigió mi hermano, y el conductor de la excavadora siguió fielmente sus recomendaciones para completar el trabajo asignado.

Una vez más, comparo esta situación con la historia de David y el gigante Goliat. Saúl trató de ponerle su armadura a David, pero él no quiso; de hecho, no le servía. El ejército de Saúl ya, de antemano, estaba dudando de David, incluyendo a sus hermanos. La pregunta que surge es: ¿por qué subestimaron a David? Porque era muy joven, y el gigante era mucho más grande y fuerte que él. El ejército entendía que David no lo podría vencer, y menos sin armadura. A veces, los adultos subestiman la capacidad de los jóvenes. Si alguien tiene en gran estima a los jóvenes es el mismo Dios.

Si buscamos en la Biblia, vemos como Dios, en momentos determinados, llamó a niños y jóvenes para cumplir su propósito. Lo vemos, por ejemplo, cuando Dios llama a David a los 16 años de edad; a Joás, a los 7 años de edad; o a Josías, a los 8 años. En 1 Samuel 3:1, el joven Samuel ministraba a Jehová en presencia de Elí, y escuchaba su voz. Esta historia la dedico a los jóvenes que han sido subestimados, vituperados o humillados en algún momento de su vida. Lo digo por experiencia propia; porque en muchas ocasiones fui marginado, y se burlaron de mí por mi condición. Recuerda siempre que Dios te tiene en gran estima; tú eres muy importante para Él. Si Dios defendió a mi hermano y a David contra el gigante, ¿no lo hará también contigo?

*En todo tiempo ama el amigo, y es como un hermano*
*en tiempo de angustia. Proverbios 17:17*

## Los amigos

Cuando en septiembre de 1993 me descubren la condición, mis amigos y sus familiares iban con frecuencia a visitarme. Recuerdo que la hermana de mi amigo Joel, me llamó un día y me dijo: *"Josué, ¿qué deseas que te llevemos de comer?"* Dos horas antes, mi doctora me había dado instrucciones de lo que debía comer; pero yo, en mi ingenuidad, creía que la situación no era tan seria, y les dije a mis amigos que me trajeran una pizza. ¿Por qué una simple pizza me podría hacer daño? Lo importante no era la pizza; era que el lupus ya me estaba atacando los órganos internos, los riñones, el hígado, los huesos y el páncreas. Los medicamentos no estaban ayudando mucho y la rutina de alimentación era muy importante. Ese día, comerme la pizza me costó que estuviera gravemente enfermo durante varios días. Me deshidraté y tuvieron que ponerme nuevamente en un cuarto aislado. Las buenas intenciones de mis amigos valían mucho para mí; pero ni ellos ni yo estábamos conscientes de la gravedad de mi condición. Si estás pasando por lo mismo, por favor, sigue las instrucciones de los médicos; un descuido puede tener graves consecuencias.

Mis amigos siempre han sido importantes para mí. Recuerdo que en los meses de verano hacíamos muchísimas travesuras en el barrio. La calle donde vivíamos no tenía salida, lo que nos permitía jugar libremente. A veces, mis amigos y yo discutíamos por cualquier tontería, y al rato ya estábamos contentos otra vez y nos poníamos a jugar baloncesto, *ping pong*, o cualquier otra cosa. Si llovía, el mejor juego era enfangarnos con las bicicletas, con el *go-kart* o jugar fútbol americano. A partir de mi enfermedad, con solo verlos ya me alegraban el día.

Durante ese primer año, a principio del mes de octubre, recuerdo que los medicamentos no estaban cumpliendo la función que esperaban los médicos, y hablaron con mis padres para comenzar un tratamiento de quimioterapia. En ocasiones, mi madre salía del hospital a descansar y ayudaba a mi padre los fines de semana en el terreno. Cuando eso ocurría, durante el día se quedaba conmigo mi amigo Joel, y por la tarde llegaba Noel, o mi hermano, a acompañarme. Hubo momentos en que tuvieron que aislarme por completo y no podía recibir visitas. Cuando esto ocurría, la tristeza invadía mi mente y mi corazón. Llegó un momento en que mi amigo se llamaba "soledad", y la habitación era mi única compañera de juegos. En esos períodos, lo único que mis amigos podían hacer por mí era visitarme un tiempo corto, o llamarme por teléfono; pero nunca me dejaron solo.

Un día, la enfermera que se encargaba de mis medicamentos entró al cuarto y me encontró llorando. Estaba triste porque llevaba más de dos meses hospitalizado y no podían darme de alta. La enfermera era una mujer excepcional; siempre estaba pendiente de las necesidades de los pacientes y era muy atenta conmigo. En ese momento, entró otra de sus compañeras a la habitación, y luego llegó la supervisora de enfermeras. De repente, me di cuenta de que ya habían entrado varias enfermeras y empleados de mantenimiento, y todos trataban de entretenerme para que no me sintiera solo y triste. En ocasiones, en su hora de descanso, las enfermeras iban a mi cuarto a bromear para mantenerme de buen ánimo, y los empleados de mantenimiento se ponían a jugar video-juegos conmigo.

Una semana antes del día de Acción de Gracias, los médicos comenzaron con las dosis de quimioterapia. Ese día el cuarto se llenó, no tan solo de las enfermeras y los médicos, sino también de mis hermanos y amigos. Fue un día inolvidable; una vez más, Dios tomó el control y no permitió que la soledad me venciera. ¿Qué habría pasado si mis hermanos y amigos no hubieran podido visitarme? Déjame decirte que mi mejor amigo se llama *Jehová de los ejércitos*. En mi soledad, sentía que Él me visitaba; el ambiente de mi habitación cambiaba para bien y podía dormir tranquilo. Siempre que le decía a Dios, *"me siento solo"*, llegaba una enfermera a compartir conmigo, o recibía las llamadas de mis amigos y familiares.

Cuando finalmente me dieron de alta, tenía que usar todo el tiempo una mascarilla para protegerme de enfermedades y bacterias. Muchas personas se reían y se burlaban; pero a mis amigos no les daba vergüenza salir conmigo. Al contrario, me cuidaban; si no me ponía la mascarilla, no salíamos. Mira si Dios es grande, que han sido más los buenos amigos, que los que decían serlo. Mis amigos fueron muy valiosos para mí durante todo mi proceso, y aún lo son; siempre estuvieron conmigo. Por eso, la Biblia dice: *"En todo tiempo ama el amigo, y es como un hermano en tiempo de angustia"* (Proverbios 17:17). La soledad siempre te puede afectar; pero cuando tú le dices a Dios *"sé mi amigo"*, Él lo será. Será tu confidente, tu amigo, tu todo. Dios es fiel y verdadero, no dudes acudir a Él. Siempre estará contigo para socorrerte, porque te ama.

CAPÍTULO 5

# Educación en casa

>>> >>> >>>

*El principio de la sabiduría es el temor de Jehová.* Proverbios 1:7

Cuando comencé a recibir los tratamientos por mi condición, tuve que dejar de asistir a la escuela. El gobierno tiene la obligación de brindar los servicios de educación en casa, o en el hospital, cuando un estudiante no puede asistir regularmente a la escuela, por razones médicas u otra razón justificada. Mientras me daban el tratamiento en el hospital, comencé con el programa de *"homeschooling"* o educación en casa. Para que no perdiera el año, los médicos y la trabajadora social del hospital enviaron cartas a la escuela a la que asistía, y solicitaron que me enviaran toda la información académica. En cualquier carrera siempre hay obstáculos, y en mi carrera para lidiar con la enfermedad había muchos; uno más, no era nada. Debía continuar con mi educación.

La educación en casa es una modalidad educativa en la cual los padres instruyen a sus hijos en el hogar, en lugar de enviarlos a una escuela. En Estados Unidos, los padres tienen el derecho de educar a sus hijos en casa; cada Estado tiene sus propias regulaciones y leyes sobre cómo realizar la educación en casa. Todo niño debe asistir a la escuela entre los 6 y 18 años de edad, y en el caso de recibir educación en casa, cumplir con las leyes establecidas en su Estado de residencia.[4] En diferentes países del mundo se aplican diversos protocolos y requisitos legales para las prácticas de educación en el hogar. Para nosotros, como familia, fue un nuevo reto conocer y aplicar a nuestra vida esta experiencia de aprendizaje. Todo surgió por la necesidad de adaptarnos a las nuevas circunstancias que crea la enfermedad.

A principios del año 1994, mis padres se reunieron con mis maestros y el director de la escuela, para discutir mi situación académica. Muchos de ellos, lamentablemente, preferían que reprobara las materias, en lugar de buscar opciones de estudio. Mis padres, junto a los médicos, movieron cielo y tierra para que mi situación fuera atendida. Sin embargo, la resistencia llegó a tal punto, que mis padres tuvieron que asesorarse con abogados para emprender una batalla legal, porque la escuela no estaba en la disposición de ayudarme. Como Dios es tan bueno, la maestra de español de la escuela tenía una ayudante, quien era una excelente maestra y se interesó en mi caso. Ella estuvo presente en una reunión de mi familia con los maestros de la escuela, para discutir el tema de mi educación.

El profesor de matemáticas y la maestra asistente de la clase de español, les preguntaron a mis padres más detalles sobre mi situación; recordaban que yo tenía un hermano estudiando en la escuela superior. Mis padres respondieron a las inquietudes de los dos maestros. Luego, el maestro de matemáticas les dijo a los demás que no iba a reprobarme sin necesidad, más aún cuando yo era un buen estudiante. La maestra asistente lo respaldó y añadió que yo me había ganado su respeto, y el de otra colega suya, ayudante de matemáticas. Una vez más, lo que Dios promete, lo cumple. Los maestros, finalmente, acordaron que la asistente de español me enviaría los temas de las materias cada semana, con mi hermano o mi mamá, hasta que el Departamento de Educación enviara una maestra al hogar, o al hospital. La única condición que nos solicitaron fue que asistiera a la escuela para tomar los exámenes finales.

Mis compañeros de la escuela se enteraron de mi enfermedad a través de mi hermano. En la clase de salud estaban discutiendo las distintas enfermedades, y hablaron sobre mi condición. Mi hermano escuchó a un estudiante decir una información incorrecta sobre la enfermedad, e inmediatamente reaccionó. Lo interrumpió y les explicó a todos en el grupo en qué consiste esta condición. La maestra, sorprendida, le preguntó dónde había aprendido esa información; él le contestó que su hermano tenía la enfermedad y que estaba recibiendo tratamiento en el hospital. A partir de ese momento, todos en la escuela supieron lo que estaba sucediendo.

Al enterarse, algunos de mis compañeros fueron con mi hermano de visita al hospital. Me llevaron una canasta de frutas y una tarjeta, deseándome una pronta recuperación. La habitación del hospital no se vaciaba. Cuando no estaban mis papás y hermanos, iban mis amigos del vecindario, de la iglesia, o de la escuela. Tranquilos, también me visitaban varias amigas. Con tanta gente entrando a la habitación, no me podía quitar la mascarilla en ningún momento, hasta que se acabara la hora de visita. Esa mascarilla era milagrosa; muchas chicas se acercaban a preguntarme, lo cual no me molestaba en absoluto.

Tuve que tomar los exámenes finales en el hospital, en diciembre de 1994, ya que los médicos no autorizaron mi salida. Sí amigos, en ese momento, ya tenía más de tres meses sin salir del hospital. Recuerdo que el 31 de diciembre estaba tan desesperado, que en un momento comencé a gritar, y a decir por todo lo alto que si no me daban de alta, iba a explotar cohetes y petardos dentro de mi cuarto. Ese 31 de diciembre de 1994 estuve en el hospital toda la tarde, hasta que logré mi objetivo; me dieron de alta.

*Porque yo Jehová soy tu Dios, quien te sostiene de tu mano derecha, y te dice: No temas, yo te ayudo. Isaías 41:13*

## Navidad de 1994

Mi madre lavó toda mi ropa y la volvió a poner en la maleta; ella sabía que muy pronto tendría que regresar al hospital. En mi casa siempre despedíamos el año en la iglesia, y ese día no fue la excepción. Pero antes de ir a la iglesia, mi padre nos llevó a nuestro terreno. Cuando llegamos, el *"trailer home"* estaba casi listo, y mis amigos del vecindario estaban esperándonos; pero además, fuimos hasta allí porque mi padre conseguía pirotecnia todos los años. En años anteriores, mi casa parecía un parque de diversiones por todas las luces de los cohetes, y ese año no podían faltar. Al llegar al terreno, mi padre nos dijo que teníamos apenas media hora para explotarlo todo, antes de irnos para la iglesia. Caminó hacia el carro, y sacó una bolsa negra de basura repleta de cohetes.

Esa noche, nuestro perfume era el olor a pólvora de toda la pirotecnia que explotamos. Los vecinos de la calle no podían verse la cara, pues todos estábamos envueltos en una espesa nube de humo. Cuando terminamos de explotarlo todo, recogimos, nos despedimos de los vecinos, y nos fuimos para la iglesia. Mi familia y yo necesitábamos ir a la iglesia esa noche, para darle gracias a Dios por todo lo vivido, por lo bueno y por lo malo. Lo importante aquí es no reclamarle a Dios por las cosas que nos suceden, sino darle la gloria y la honra por todo, por nuestra vida; darle gracias por un día más de vida, como lo hicimos.

Los médicos me dieron una semana de descanso durante el período de Navidad. Según sus instrucciones, si me sentía mal debía salir corriendo hacia el hospital. Dejaron a mis padres sus números telefónicos personales y organizaron todo, por si algo imprevisto ocurría. Al día siguiente, mi padre quiso llevarnos a pasear y a conocer a un amigo que siempre le preguntaba por mi salud. Fuimos a visitarlo; tenía un colmadito en el pueblo de Cayey y como mi padre era vendedor, le suplía algunos productos.

Esa familia se había encariñado mucho con mi padre, y al enterarse de mi situación querían conocerme. Se hicieron tan amigos, que todavía hoy perdura esa amistad; por eso siempre digo que son más los buenos amigos que los malos. Al llegar a la casa de la familia, nos recibieron como si los conociéramos de toda la vida. El amigo de mi padre es además contratista, y ese día se ofreció a ayudarnos para terminar de habilitar nuestro terreno. Al salir de allí, tuvimos que regresar a mi casa, porque comencé a sentirme mal.

Ese año, mi tío, el hermano de mi padre, nos invitó a su casa a pasar el Día de Reyes. Mi madre cocinó el arroz con gandules (¡qué delicia!) y ellos el pernil (¡mejor aún!). Aunque yo tenía que estar a dieta, ese día no pudo imponerse dieta alguna. Mi dieta fue abrir la boca y comer todo lo que se me atravesó en el camino. Jugando con Nolito, en un momento del día, comencé a sentirme mal. Nolito, al verme así, fue donde mi madre y le dijo: "*Titi, Josué está muy rojo y caliente*". Cuando mi madre fue a verme al cuarto, me tocó y se dio cuenta de que estaba hirviendo en fiebre. Le dije que no se preocupara, que me diera unas pastillas para la fiebre y después llamara a mi doctora. Yo no pretendía sacrificar la comida, ni por un momento. Al día siguiente, tuve que regresar al hospital; ya me estaban esperando. Estaba un poco triste, porque tendría que pasar allí el 9 de enero, mi cumpleaños.

Ya en el hospital de regreso, mi madre entró al cuarto un día y me preguntó si quería algo del supermercado, pues debía ir a comprar algunas cosas. Ni corto ni perezoso, le dije que me trajera mis galletas favoritas, unas Chips Ahoy, y una Kolita Santurce. Más tarde, estaba viendo la televisión, muy feliz, con mis galletas y mi refresco, cuando de repente entró mi doctora a la habitación. Cuando vio lo que estaba comiendo, pueden ustedes imaginar el regaño que recibí; y como la culpa no era solo mía, le dije que mi mamá me las había comprado. De más está decirles que ella también recibió su "agüita". Esta situación me dio mucha risa; aunque yo sabía que la dieta era importante para mi salud, era todavía un niño travieso. En ese momento, mi madre me siguió en la travesura, sin darse cuenta.

*Un cumpleaños diferente*

El día de mi cumpleaños, por la noche, recibí la visita de mis hermanos, mis médicos y las enfermeras, para celebrar la fecha. Todos comieron bizcocho, excepto yo; estaba castigado por mi desliz. Pero de todos modos, la pasamos muy bien. En esos días, comenzaron las clases y con ellas las asignaciones. Una vez a la semana iba a visitarme una maestra asignada por el Departamento de Educación. También me visitaba la maestra asistente de español de mi escuela, para darme tutorías de todas las materias. Si recuerdan, al final del año escolar yo debía asistir a la escuela a tomar los exámenes finales; de eso dependía si pasaba el grado o no. No podía fallarle a mi familia, o a los maestros que tanto me apoyaron, ni a tantas personas que creían en mí. Quería demostrarles a todos que nada habría de impedir que yo siguiera hacia adelante. Recuerdo que la semana antes de tomar los exámenes, mi mamá se sentó y me dijo: *"Tus hermanos tienen que trabajar y estudiar para no depender de nadie, y más si tu papá y yo faltamos. El peso que tienes tú es más fuerte, porque tienes que estudiar para valerte por ti mismo, si alguno de nosotros falta."* Se podrán imaginar los nervios que sentí ante esta sentencia.

En ese momento, vino a mi mente un versículo bíblico en el que habla Salomón, en Proverbios 1:7: *"El principio de la sabiduría es el temor de Jehová".* Así que doblé mis rodillas ante Dios, y le pedí que me ayudara. Cuando llegué a la escuela, mis compañeros de clases me recibieron como nunca. Fui con la mascarilla puesta, sin vergüenza alguna; hasta perfume le echaba y la combinaba con mi ropa. El examen lo tomaría yo solo con los maestros. Pasé las pruebas académicas con un promedio de 3.50; eso es una "A". Todos estábamos muy felices, celebrando la victoria.

El siguiente semestre pude comenzar de lleno, otra vez, en la escuela. Para que no faltara mucho a clases, los médicos decidieron hospitalizarme durante el fin de semana, todos los viernes de cada mes, hasta el domingo o lunes en la mañana, para darme el tratamiento correspondiente. El primer día de clases me sentía extraño, fuera de lugar, como un niño de pre-escolar. Cuando me enfermaba, o estaba en tratamiento, mis compañeros o mi hermano me daban los temas para estudiar. Algunos estudiantes me decían que era ridículo; otros me trataban como un leproso. Cuando mis compañeros y maestros escuchaban las burlas de esos estudiantes, les explicaban mi situación;

los que se habían burlado, luego se acercaban para disculparse. Yo predico sobre un Dios que sana; pero como siempre digo, mientras Él hace la obra, tengo que poner de mi parte y acatar las decisiones de mis médicos. No importa si se burlan de ti; siempre anda con la frente en alto y nunca permitas que decaiga tu autoestima. Si sientes que vas a caer, no hay por qué temer; tu Padre celestial estará ahí para levantarte y sostenerte, así como lo ha hecho conmigo.

*La casa de Josué en el terreno de la familia.*

José en plena faena de construcción de la casa.

Josué en los comienzos de su tratamiento.

Vista del terreno en el proceso de construcción.

ÁLBUM FAMILIAR

*Los hermanos Margo, Josué y José, jugando en el terreno familiar.*

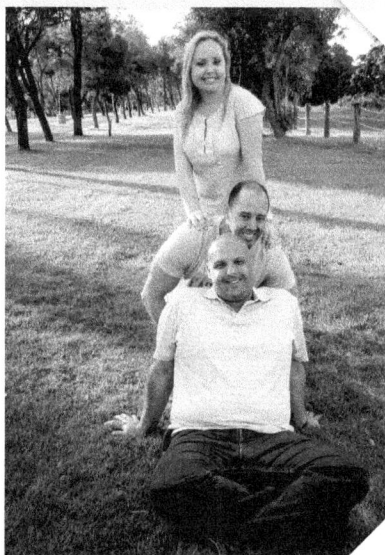

*Los hermanos, antes y después; Josué, José y Margo.*

ÁLBUM FAMILIAR

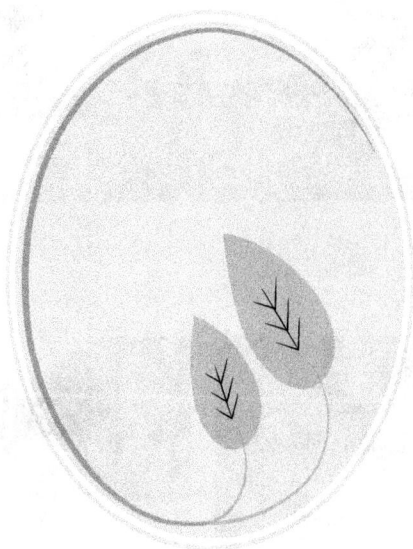

*Dios estaba cumpliendo lo que yo le había pedido, estaba logrando mis sueños; pero yo no estaba cumpliendo con mi parte. ¿Acaso pensaba que me lo merecía todo por estar enfermo? Esta parte de la historia refleja una etapa en la que mi salud había mejorado y estaba viviendo una vida relativamente normal; pero en el camino, se me estaba olvidando algo muy importante: era Dios quien me mantenía de pie.*

*La Biblia dice en Mateo 16:26: "Porque ¿qué aprovechará al hombre, si ganare todo el mundo, y perdiere su alma? ¿O qué recompensa dará el hombre por su alma?" En esta segunda parte verás cómo, en un momento de mi vida, mi zona de confort se convierte en mi peor enemigo.*

*Estos capítulos son testimonio de mis debilidades. Más adelante, en la tercera parte de la historia, podrás observar cómo todas las debilidades se convirtieron luego en fortalezas, en nuevas herramientas a seguir y aplicar en mi vida. La historia apenas comienza.*

# No todo edifica

>>>   >>>   >>>

*Acuérdate de tu Creador en los días de tu juventud, antes que*
*vengan los días malos, y lleguen los años de los cuales digas:*
*No tengo en ellos contentamiento. Eclesiastés 12:1*

A finales de 1995 y principios del 1996, prácticamente estaba
terminando mi tratamiento. Me estaban eliminando los medicamentos, poco a poco. En vez de estar todo el tiempo en el hospital,
solo estaba asistiendo una vez al mes; luego pasamos a cada trimes-
tre, y después, terminé las quimioterapias. El terreno de nuestra nueva
casa y el *"trailer home"* ya estaban preparados; de hecho, ya vivíamos
allí. Me encontraba cursando el último año de escuela superior, y estaba por comenzar la universidad. Para ese entonces tenía 16 años y
medio de edad. Asistía al hospital para revisiones de rutina, o cuando
me enfermaba, pero ya no era frecuente. Me sentía bien; realizaba
deportes, jugaba baloncesto, y podía estar más tiempo bajo el sol.
Mis hermanos mayores estaban ya trabajando, y yo llevaba una vida
normal.

Antes de ese momento, pasé por situaciones que no me permitían jugar libremente. Recuerdo que en una ocasión, estando en el hospital
recibiendo tratamiento, dejé de caminar de repente. El día que esto
sucedió, mi hermana se había quedado conmigo a pasar la noche, y
mis papás se habían ido a descansar. No es fácil estar en un hospital, día y noche, cuidando a un paciente. En el cuarto donde estaba
recluido, la ventana daba hacia la calle. Ese día, fui a bañarme y
cuando terminé, mi hermana me dijo que me asomara por la ventana,
pues mi mamá se quería despedir. Cuando me dispongo a caminar
hacia la ventana, mi hermana se percata de que estoy pegado a la
pared, sin poder moverme; en ese momento le dije que no podía

caminar. Ella pensaba que estaba bromeando. Recuerden que tengo un problema, tengo los sentimientos invertidos y cuando paso por una situación fuerte, lo que hago es reírme, aparte de que me encanta hacer bromas. Sé que no es un comportamiento normal, quizás es una reacción nerviosa.

Pero volviendo con la historia, mi hermana comenzó a hacer señas con la mano frente a la ventana, para que mis padres subieran al cuarto. Mi madre pensaba que se estaba despidiendo y le decía adiós. Rápidamente, mi hermana reaccionó y llamó a la enfermera para que me ayudara a acostarme en la cama; ella no podía ayudarme porque yo pesaba bastante, y además, los nervios la traicionaron. Llamaron a mi doctora para notificarle lo sucedido y mis padres regresaron al hospital. Finalmente, el diagnóstico de los médicos fue que tenía unos nervios pillados, y las vértebras estaban pinchando el disco. Estuve sin caminar, aproximadamente, tres meses. Gracias a las terapias físicas, recobré los movimientos y comencé a caminar; a los seis meses, ya caminaba normalmente.

Cuando estuve mejor, jugaba baloncesto con mi hermano y mis amigos. José y Noel trabajaban, y aprovechaban sus días libres para compartir con nosotros. Mi hermano mayor se había comprado una motora acuática; después de la escuela, nos íbamos para la playa a correr con la motora. Se podrán imaginar lo bien que me sentía; todo marchaba de maravilla. Detrás de la casa de mi amigo Joel, vivían tres jóvenes que todas las tardes jugaban baloncesto. Un día de verano, antes de comenzar la universidad, me invitaron a jugar con ellos. Como yo me creía Michael Jordan, acepté y me fui a jugar. Cada día que pasaba, me sentía mejor; me creía el dueño del mundo. En ese momento, me hubiera atrevido a decir que estaba completamente sano.

Empezando la universidad, solicité un empleo en un supermercado y me aceptaron. Mi hermano y mis amigos trabajaban en la misma cadena de supermercados, así que los temas de juegos electrónicos pasaron a un segundo plano. Estábamos madurando. Para ese tiempo, mi hermano me regaló la cuenta de su carro, porque se había comprado otro. ¿A quién le amarga un dulce? Ese día, mi papá se sentó a mi lado en el comedor de la casa para "leerme la cartilla"; lo primero que me dijo fue: *"Tienes un arma, no un carro"*. Me dio un sinnúmero de reglas que debía seguir; entre ellas, no darle transportación a nadie que no conociera, no discutir en el trabajo, y otras reglas más. Comencé a salir con nuevas amistades y sí, ya tenía una amiga especial. Mis padres comenzaron a construir una casa de madera en el terreno. Todo se estaba normalizando.

Mis días transcurrían normalmente y en realidad, ¿qué de malo tenía que yo disfrutara mi vida? Algunos, quizás, podrían decir que estaba aprovechando hasta el último minuto, con mis amistades, haciendo y deshaciendo. Pues déjame decirte, no tiene nada de malo disfrutar la vida; aproveché el tiempo al máximo, después de tantos años sin poder moverme con libertad. Nunca bebí, ni fumé, ni pasaba el tiempo en discotecas. El problema era que estaba abusando de mi salud. La Biblia dice en Proverbios 14:12: *"Hay camino que al hombre le parece derecho; pero su fin es camino de muerte."*

Dejé de tomar los medicamentos, no descansaba; me descuidé en los aspectos físicos, pero también, emocional y espiritualmente. Palpaba con mis manos la obra que Dios estaba haciendo en mi vida, pero me estaba olvidando del Dios de la obra. Viviendo de glorias pasadas, pensaba que la salvación era hereditaria o, simplemente, si ya tenía a Dios en mi corazón, creía que con eso era suficiente. Pero olvidaba lo más importante: *"Alégrate, joven, en tu juventud, y tome placer tu corazón en los días de tu adolescencia; y anda en los caminos de tu corazón y en la vista de tus ojos; pero sabe, que sobre todas estas cosas te juzgará Dios"* (Eclesiastés 11:9).

*No seas sabio en tu propia opinión; teme a Jehová,*
*y apártate del mal. Proverbios 3:7*

*La rebeldía*

Al transcurrir los días, pensaba que todo estaba bien; *todo me estaba saliendo bien*. También pensaba que no era necesario escuchar a la gente que me amaba y respetaba. Les prestaba el oído a personas que no deseaban el bien para mi vida y sin embargo, a aquellos que deseaban mi bien los echaba a un lado. Hacía todo lo contrario de lo que hablaba Salomón, en las palabras que hemos citado (Proverbios 3:7). En mi segundo año de universidad, al terminar los exámenes finales, me fui con una amiga a celebrar. Permítanme aclarar, fuimos al cine y luego a cenar. La llevé a su casa y al regresar, recuerdo que mi amigo Joel me estaba esperando para darme una noticia maravillosa. Me dijo que había aceptado a Jesús como su salvador. Me alegré mucho, hasta que empezó a recordarme lo que Dios había hecho en mi vida y cómo yo lo estaba echando todo por la borda. En ese momento, le falté el respeto, le dije fanático y me fui. Al llegar a mi casa, mis padres me estaban esperando porque tenían algo que contarme.

Antes de que mi padre comenzara a hablar, le dije: *"Ya sé lo que me vas a decir, yo estoy bien"*. Él se me quedó mirando, molesto, con sentimientos encontrados; me miró a los ojos con tristeza y se fue. Luego, mi madre me miró y me dijo: *"Yo sí te lo voy a decir y me vas a escuchar"*. Me contó que tuvo una visión; veía un hacha moviéndose de lado a lado en el aire y un filo que resplandecía. Luego añadió: *"Tienes que detenerte, porque el hacha está sobre tus pies. Como el Señor me presentó el hacha sobre tus pies, nosotros nos estamos preparando; y tú, ¿qué vas a hacer?"* Mi actitud no era la mejor; estaba rebelde, me había alejado de Dios. Me dio coraje, tomé la silla del comedor, la empujé molesto y me fui para mi cuarto.

Al poco tiempo, surgió mi recaída. En esos meses tenía pendiente una cita médica, y como estaba de vacaciones la cancelé. En el verano de 1998, comencé a sentir mi cuerpo extraño. Mis hermanos y amigos se daban cuenta de que yo no estaba bien. Seguía en una actitud de negación, pretendiendo saberlo todo y no se atrevían a decirme nada, pero sí alertaron a mis padres. Recuerdo un día en especial; la mamá de mi amigo Joel llamó a mi madre para decirle que no me veía bien de salud. Otro día, en el trabajo, los supervisores tuvieron que llamar a mis padres porque me puse mal y me llevaron al hospital. Después de un año sin visitar el hospital, pues solo iba cada tres meses para las citas médicas, puedes imaginar cómo me sentí al verme nuevamente hospitalizado. En ese momento, solo pensaba en silencio: *"Esto no me puede estar pasando otra vez"*. Cuando me hospitalizaron, la doctora quiso hablar conmigo para aconsejarme. Me advirtió que estaba llevando mi cuerpo al límite, y si seguía a ese ritmo podía recaer. Demás está decirles que el mismo caso que le hice a mis padres, le hice a la doctora; ninguno. Al salir del hospital, mis nuevos amigos, quienes vivían detrás de la casa de Joel, fueron a visitarme y también me decían que "lo cogiera suave", que no tenía que hacerme el fuerte. Todo el mundo me llamaba y me decía lo mismo. El coraje empezó a florecer, y era contra mi casa. Me puse rebelde, no me importaba lo que dijera mi familia. Contestaba de mala manera a las personas que deseaban el bien para mi vida. Ahora, *todo me estaba saliendo mal.*

Un día, a mi hermano se le dañó su auto y me pidió que le prestara el mío para poder ir al trabajo. De madrugada, mi hermano llegó con mi auto en una grúa, porque al salir del trabajo, de la nada, el automóvil se prendió en fuego y se quemó completamente. Fue pérdida total. En el trabajo me habían bajado las horas, así que no podía comprometerme con una nueva cuenta de auto. En la universidad, también estaba teniendo problemas con la beca; hubo cambio de administración y retrasaron todo. Además, me estaba atrasando académicamente en las clases.

### La recaída

---

Recuerdo, como si fuese hoy, que en el supermercado donde trabajaba, el supervisor del departamento de góndolas me pidió que me quedara más tiempo en la tienda, a lo que contesté afirmativamente. Con este nuevo turno, me quedaría solo en la tienda y las ocho horas de trabajo serían dobles. Sí, me pagaron muy bien, pero de nada valió el sacrificio. Cuando llegó el supervisor, me encontró tirado en el suelo con el rostro pálido. Él pensaba que me había quedado dormido. Al acercarse, se percató de que yo no estaba bien y me ayudó a levantarme. Cuando llegué a la casa, mi madre observó que tenía moretones en la piel. Los pies me empezaron a fallar y surgió el síntoma clásico de mi condición; comencé a orinar sangre. Ese día, no sé cómo llegué a la cama. Había entrado al baño; mi madre vio que no podía levantarme de la bañera y de alguna manera, me acostó. Al abrir mis ojos, mis padres estaban hablando por teléfono con la doctora.

Era sábado, en mi iglesia iban a dar un concierto cristiano y mis padres querían ir; pero como yo no estaba bien, estaban pensando no asistir a la actividad. Les dije: *"Vamos, yo quiero ir"*. Estuvieron de acuerdo y fuimos todos al concierto de la iglesia. Esa noche, mientras la cantante daba su concierto, yo le pedía a Dios que no permitiera que me enfermara de nuevo. Lamentablemente, ya era tarde. Ahora entiendo lo que dice la Biblia, que el obedecer es mejor que los sacrificios. Si yo hubiese hecho caso a los consejos, no hubiera recaído.

Mis padres tienen unas amistades, desde muy jóvenes, que son dueñas de un laboratorio clínico. Desde que me diagnosticaron la condición, siempre han estado al cuidado de mis análisis; son ellas quienes me sacan las muestras de sangre para todas las pruebas. No tengo palabras para agradecer a estas amigas de mis padres; el más mínimo detalle que apareciera en los resultados, inmediatamente avisaban a mi casa. En esos días, me realizaron unas pruebas y los resultados no fueron buenos. Rápidamente, llamaron a la casa desde el laboratorio y escuché cuando mi madre les agradecía por habernos avisado. Luego llamó a mi padre para avisarle que me llevaría a la oficina de la doctora, quien ya nos estaba esperando. En ese momento, vi que mi madre sacó la maleta que siempre usaba para llevarme al hospital.

La doctora se reunió con nosotros en su oficina, para notificarnos que se trataba de una recaída en la enfermedad, y el panorama no era positivo. Yo le contesté de manera muy grosera; le dije que eso era mentira, que lo que querían era que yo lo dejara todo, y muchas cosas más. La doctora, que me conoce desde niño, y más que mi propia madre, me dijo: *"Josué, estás en depresión, necesitas ir a un psiquiatra."* Yo le contesté que no iría y salí del consultorio. Dejé a mis padres en la oficina y como un niño malcriado, me subí al carro de mi madre y comencé a gritar, y a pataletear; en fin, un berrinche exagerado. Era tanto el coraje que tenía, que después de esa cita no quise pisar más la oficina de los médicos.

¿Pero por qué me sentía tan molesto, si en parte lo que sucedió fue mi culpa? Abusé de mi cuerpo; puse el trabajo y mi pareja en primer lugar, en lugar de cuidarme, poner a Dios en primer lugar y atender mis estudios. Me apoyé en mi propia opinión. La Biblia dice en 1 Corintios 10:23: *"Todo me es lícito, pero no todo conviene; todo me es lícito, pero no todo edifica"*. En otras palabras, medita en tus caminos. No tomes decisiones a la ligera, apoyándote en argumentos que quizás son válidos, pero que a la larga te van a perjudicar. Todo me es lícito, pero no todo me conviene. Tu cuerpo es templo del Espíritu Santo; si lo destruyes, ¿qué crees que pasará? Cuando uno tiene una condición catastrófica como la mía, o cualquier condición delicada de salud, es muy fácil recaer si no tenemos los cuidados necesarios. Si abusamos de nuestro cuerpo, lamentablemente, aceleramos el proceso.

Una tarde, me fui con mis amigos con la intención de jugar baloncesto. Pero estaba tan deprimido, que no tuve ánimos para jugar. Recuerdo que el papá de uno de mis nuevos amigos se acercó a mí; él sabía que yo estaba enfermo, pero no sabía que había recaído. Me miró con los ojos llorosos, me dio la mano y me dijo: *"Josué, en el corto tiempo que nos conocemos te tengo en gran estima, y si recaíste, todos sabemos que tu fe te ayudará a vencer la enfermedad. Mi familia y yo te apreciamos mucho, cuentas con nuestro apoyo"*. Me sentí reconfortado, mi semblante cambió. Cuando regresábamos a nuestras casas, Joel me invitó a su iglesia porque iba a testificar esa semana, y le dije que iría. No tenía nada que perder. Ese día, cuando llegamos a la iglesia, me presentó a sus amigos. Mientras él testificaba, me di cuenta de que no todo estaba perdido. Primero, resonaban en mí las palabras de consuelo del padre de mis amigos; y luego, la palabra que Joel trajo a su iglesia ministró a mi vida.

*La depresión*

Durante esa semana, Noel llegó de los Estados Unidos para visitar a su familia; me buscó a mi casa y nos fuimos a un *pub* a jugar billar. Mientras jugábamos y bromeábamos, él me aconsejaba que siguiera hacia adelante y no me rindiera. La depresión seguía, hasta que un día pude ver con mis ojos cómo estaba consumiendo la felicidad de toda mi familia. Vi cómo el enemigo, llamado depresión, estaba robándonos a todos nuestra felicidad. Mis padres me llevaron a un psicólogo que le habían recomendado. Yo asistí a la cita, pero en contra de mi voluntad. Esa tarde, el psicólogo habló conmigo y me sentí a gusto, pero me fui de su oficina de la misma forma en que llegué.

A veces, pretendemos que los médicos, psicólogos, o consejeros, resuelvan nuestros problemas; pero de qué vale que ellos se esfuercen, si nosotros no ponemos de nuestra parte. Estudios científicos han revelado, ampliamente, que el estado anímico es fundamental en la recuperación de cualquier tipo de condición de salud. Tengo amigos psicólogos y todos opinan lo mismo; los médicos con los que me he entrevistado durante mi enfermedad coinciden en esto. El paciente tiene que poner de su parte; por más medicamentos que tomes para la depresión, por más ayuda que tengas o consejos que recibas, si no pones de tu parte no verás resultados positivos.

Un sábado por la noche, mi iglesia celebraba una actividad. Joel estaba en su iglesia y Noel había regresado a los Estados Unidos, donde residía. Ese día, llorando, le dije a Dios estas palabras antes de salir para la iglesia: *"Señor Jesús, dueño de mi vida y mi corazón, he pecado contra ti y mis padres; no soy digno de ti, ni de ellos. ¡Cuántos problemas les he causado! Perdóname y te pido que me lleves a morar contigo. No soy digno de ti, toma mi corazón y antes de que me pierda, llévame contigo."* Me sequé las lágrimas y como no podía conducir el auto solo, llamé a un amigo para que me acompañara a la actividad. Esa noche fue maravillosa. A través del predicador, Dios habló a mi vida. El predicador decía: *"Yo soy tu médico por excelencia, tu psicólogo soy yo".* Rápidamente, me dije a mí mismo que esas palabras eran para todas las personas que estaban allí en la iglesia; no eran para mí. Yo estaba en las bancas de atrás, bastante lejos del púlpito.

Pero en ese preciso momento, el predicador dijo: *"Estas palabras son para un joven llamado Josué. 'Mira que te mando que te esfuerces y seas valiente; no temas ni desmayes, porque Jehová tu Dios estará contigo donde quieras que vayas'."* Esa palabra está en el libro de Josué 1:9, precisamente, la que mi padre leyó cuando nací un nueve de enero. El predicador añadió estas palabras: *"No es para todo el mundo, es para ti. Esa es la promesa que les hice a tus padres, que voy a estar contigo, y yo la cumplo. Pídeme fuerza y conformidad. En tus debilidades, mi poder se perfecciona."* Esa noche, no podía creer lo que escuché; y como el ser humano no es conforme, me dije: *"Esto es cosa mía, aquí deben haber muchos Josué pasando por lo mismo."* Ahí quedó todo.

### Un nuevo comienzo

El domingo siguiente fui a la iglesia y antes de que se acabara el culto, me levanté y me fui. De camino al estacionamiento, me llamó una mujer llena del poder de Dios. Me sorprendí cuando me llamó por mi nombre. Esta persona siempre me saludaba, pero casi nunca hablábamos; me miró y me dijo: *"Necesito orar por ti".* Ya mi espíritu sabía que Dios me hablaría a través de ella. Dios, a través de esta mujer, me volvió a decir lo mismo que me había dicho aquel predicador. Cuando terminó de ministrarme, me miró fijamente a los ojos y me dijo: *"Hoy es tu nuevo comienzo. No tienes idea de las maravillas que Dios va a hacer contigo. Dios me ha levantado de madrugada para orar por ti".* Luego de esas palabras, llegué a mi casa como un zombi, pero con mi mente clara, mi espíritu alegre, un alivio y una paz que no tengo manera de explicar. Mis lágrimas se estaban convirtiendo en gozo y mi tristeza en alegría. *Ese día volví a nacer. Era una oportunidad más que Dios me estaba regalando.* Al llegar a la casa, me senté en la mesa; ya mis padres habían llegado de la iglesia. Ellos no sabían que yo había ido a la iglesia, porque fuimos en autos diferentes. Busqué la Biblia y me puse a leer el libro de Job. Cuando lees ese libro, te das cuenta de que hay esperanza; te hace entender que no eres el único que ha pasado por situaciones difíciles.

Cuando comencé a leer, mis ojos espirituales se abrieron y comenzaron a llenarse de brillo; mi alma anhelaba escudriñar más. Mi padre se levantó de madrugada, porque tenía que ir a trabajar; y yo aún seguía escudriñando la palabra de Dios. Preparó el café, se sentó conmigo en la mesa, y me dijo: *"Te voy a contar una historia. Un día, una madre dio a luz a un niño saludable, pero algo pasó en el hospital que ese niño se enfermó, al punto de que todos pensaban que no se salvaría. Una noche, el papá de ese bebé salió del hospital y miró al cielo".* Contando la historia, me decía que el padre del niño no le servía a Dios, pero que en ese momento le dijo: *"Si realmente existes Dios, te pido que sanes a mi hijo; y yo te lo entregaré, y tú le pondrás el nombre que quieras, y yo te serviré a ti".*

Como podrás imaginar, mis ojos se llenaron de lágrimas; más bien, lloraba sin consuelo y miraba fijamente a mi padre. Él terminó la historia, diciendo: *"Ese niño eres tú. Si no fuera por el milagro que Dios hizo en tu vida, nosotros no le estuviéramos sirviendo a Él".* Llorando, le pregunté: *"Entonces, ¿por qué volví a enfermarme? Sé que en parte es culpa mía; pero, ¿Él no quiere el bien para sus hijos?"* Mi padre, lleno de sabiduría, me contestó: *"¿Qué? ¿Recibiremos de Dios el bien, y el mal no lo recibiremos?"* (Job 2:10) Después de decirme esto, añadió: *"Josué, no tengo la respuesta a esa pregunta; pero sí sé lo que Jesús dijo en Juan 16:33: 'Estas cosas os he hablado para que en mí tengáis paz. En el mundo tendréis aflicción; pero confiad, yo he vencido al mundo.'"* Para terminar la conversación e irse al trabajo, mi padre me preguntó: *"¿Por qué mejor no piensas de qué Él te está guardando? No te culpes de nada. Es tiempo de levantarnos y seguir caminando".* Esas palabras calaron tan profundamente en mi corazón, que no podía dejar de llorar. Ese día mi madre recibió la llamada de un amigo de la iglesia, y él le expresó su deseo de venir a visitarme con unos amigos. Eran parte de un grupo llamado *Seguimiento*, que visitaba hogares de jóvenes para llevarles la palabra de Dios. Mi madre accedió y yo estuve de acuerdo. Desde que llegaron a la casa comenzaron a hablar la palabra de Dios, y así estuvieron hasta el final. Si les cuento todo lo que pasó ese día, no termino; pero debo decir que este fue un momento de gran inspiración para mí.

Quiero que entiendas lo que sentía en esos momentos, y cito lo que dice la Biblia en 2 Pedro 3:9: *"El Señor no retarda su promesa, según algunos la tienen por tardanza, sino que es paciente para con nosotros, no queriendo que ninguno perezca, sino que todos procedan al arrepentimiento."* No culpes a nadie de tus situaciones, mucho menos a Dios. Lo único que Él desea de nosotros es nuestro corazón; lo que desea para nosotros es el bien. Recuerda, Dios dará la salida a tus problemas; y en el proceso, te dará su paz. Si lo hizo conmigo, cuanto más lo hará contigo. Me encanta el consejo que David le da a su hijo Salomón, antes de entregarle el trono, como dice en 1 Crónicas 28:9. Lo comparto ahora contigo.

*"Y tú, Salomón, hijo mío, reconoce al Dios de tu padre, y sírvele con corazón perfecto y con ánimo voluntario; porque Jehová escudriña los corazones de todos, y entiende todo intento de los pensamientos. Si tú le buscares, lo hallarás; más si lo dejares, él te desechará para siempre."*

# Creciendo en la fe

>>> >>> >>>

*Como son más altos los cielos que la tierra, así son mis caminos*
*más altos que vuestros caminos, y mis pensamientos*
*más que vuestros pensamientos. Isaías 55:9*

Cada día, el amor por las cosas de Dios seguía creciendo en mí. Dedicaba cada momento de mi vida a buscarlo, y vi como la depresión comenzaba a reducirse a un último plano. En el primer semestre del año 1999 estaba contemplando darme de baja de la universidad, ya que me había ausentando mucho por causa de la enfermedad. No podía guiar mi automóvil por los dolores musculares; los médicos comenzaron a darme quimioterapia en pastillas y cortisona. Mis defensas estaban muy bajas y estaba propenso a enfermarme. Sin embargo, mi mente y corazón habían cambiado; estaba en pie de lucha.

Un día de ese semestre fui a la universidad para hablar con los profesores; tenía que hacerme unos exámenes médicos y quería presentarles la situación. Mientras esperaba la hora de la clase, acordé reunirme con unos amigos en un banquito que había debajo de un árbol. Cuando iba a la universidad, siempre me encontraba allí con mis compañeros de clases. Ese día, me senté a esperar a mis compañeros de estudios en el banquito. Tenía puesta la famosa mascarilla, para evitar un posible contagio. Los estudiantes de primer año, a quienes llamamos "prepas" en la universidad, comenzaron a burlarse de mí. Mientras pasaba el tiempo, la situación se ponía más tensa. Los vituperios eran cada vez más fuertes y unos jóvenes muy "payasos" -no puedo llamarlos de otra manera- querían quitarme la mascarilla y buscar pelea sin razón. Pretendían ser los más "bravos" de la universidad. Pero como yo sabía que Dios pelearía por mí, en toda situación, me aferré a este verso de la Biblia: *"Caerán a tu lado mil, y diez mil a tu diestra; mas a ti no llegará"* (Salmo 91:7). Las personas que estaba esperando no llegaban, y tampoco veía a mis amigos de la iglesia. Así que me dije a mí mismo: *"¡Qué rayos!, aunque no tenga fuerzas, haré por lo menos el aguaje. Padre, en tu nombre."*

Sí, somos parte de la iglesia, pero no somos mancos. Sé que no es bueno pelear, pero tampoco es bueno permitir que otros nos tomen por tontos y sean abusivos con nosotros. Cuando me iba a levantar, unos jóvenes que siempre se pasaban bromeando en una esquina cercana, a quienes no conocía, pero sí saludaba, se percataron de lo que estaba sucediendo. En ese momento, también llegó un nutrido grupo de mis amigos, entre ellos uno de mis vecinos, quien estudiaba en esa misma universidad. De hecho, me preocupó un poco mi vecino, porque era de carácter volátil y a veces no medía consecuencias. Escuché a uno de mis amigos decir: *"Josué, ¿qué te están haciendo estos 'prepas'?"* Vi que los jóvenes comenzaron a asustarse, cuando observaron al grupo caminando hacia mí. Más aún, cuando otro de mis amigos les dijo: *"¿Por qué no se enfrentan con uno que esté en buena condición física? ¿Por qué se la quieren apuntar con el socio que está enfermo?"*

Una profesora que pasaba por allí se dio cuenta de lo que sucedía, y rápidamente buscó ayuda con los guardias de seguridad. Cuando los guardias llegaron, mis amigos les contaron sobre el intercambio con los jóvenes. Las autoridades de la universidad tomaron carta en el asunto, y los muchachos que me estaban defendiendo hicieron "bailar a los prepas", les hicieron "ladrar como perros"; en fin, les hicieron pasar el bochorno de sus vidas. A tal punto se complicó el problema, que por poco expulsan a los jóvenes de la universidad. Vi una vez más, con mis propios ojos, como Dios tomó el control de la situación.

Hago un paréntesis; quiero decirte que puedo comprender -porque lo he vivido- que a veces llegan momentos en los que no deseamos hablar, compartir, o tan siquiera saludar a nadie. Las demás personas no tienen culpa de las situaciones que pasamos en la vida. Cuando ponemos los eventos negativos a un lado, y sin importar las circunstancias somos amables con los demás, nos damos la oportunidad de vivir experiencias sorprendentes. En mi caso, fueron muchas más las personas que me defendieron, que aquellas que estuvieron en mi contra.

Después de lo sucedido en la universidad, me reuní con los profesores, y varios de ellos sintieron tristeza y preocupación al saber que dejaría la universidad por causa de mi enfermedad. Pero como Dios tiene el control de todo, finalmente decidieron darme la oportunidad de entregar los trabajos pendientes para ponerme al día, y permitieron que tomara los exámenes finales más temprano. Mis compañeros, al verme entrar al salón, comenzaron a aplaudir; muchos de ellos se acercaron a mí, diciendo: *"Estamos contigo"*. Los días en que estuve enfermo, los profesores ya no permitieron que los estudiantes se acercaran a saludarme, pues debía prevenir cualquier contagio.

*Retorno al cuarto piso*

Entre marzo y abril de ese año, mi salud comenzó a deteriorarse. Los tratamientos con pastillas no estaban funcionando. Un día me comenzó una fiebre muy alta, y mi cuerpo no respondía a los medicamentos. La situación no era la mejor. Hacía meses que no visitaba a mi doctora, y no lo había hecho porque estaba avergonzado. La última vez que la vi en su oficina fue después de mi recaída; si recuerdan, en ese momento la había ofendido, pues estaba en depresión. Cuando mi madre la llamó, ella le indicó que debía llevar las maletas preparadas para hospitalizarme. En cuanto llegamos a la oficina de la doctora, la secretaria le avisó; dejó al paciente que estaba atendiendo y salió rápidamente a encontrarse con nosotros. Me miró, y le dijo a mi madre: *"Ya hablé con el cuarto piso, lo están esperando"*. Unos minutos después, la supervisora de enfermeras vino a buscarme con la escolta del hospital, para internarme. Al verme, sus ojos se pusieron tristes. Le indicó a la doctora que mi habitación ya estaba lista. Hacía mucho tiempo que no me hospitalizaban, por lo que la doctora subió con nosotros. La miré con la intención de pedirle perdón, por lo que había sucedido la vez pasada. Ella tomó mi mano y me dijo: *"Hijo mío, olvida eso, juntos vamos a salir de esto"*.

Al llegar al cuarto piso, muchos recuerdos llegaron a mi mente. Sabía que al entrar por esa puerta, todo iba a cambiar. La diferencia entre la primera vez que me encontraron la condición, y esta segunda vez, era que en esta ocasión me sentía mejor preparado y dejé que Dios tomara el control de la situación. Me sentía más confiado, seguro de mí mismo; sabía que Dios tenía un plan para mi vida. ¿Cuál era ese plan? Más adelante te lo diré. Cuando las enfermeras de "la vieja guardia" me vieron entrar con la doctora, rápidamente me acostaron y estabilizaron. Mi cuarto en el hospital no se vaciaba. Los pacientes y sus parientes se sorprendían, al verme siempre rodeado de enfermeras. Ellas entraban al cuarto, me miraban, y lo único que hacían era acariciarme el pelo y decir: *"Vamos a salir de esto, una vez más"*. El día que me internaron, la doctora no se separó de mí ni un segundo, hasta asegurarse de que me habían estabilizado y todo estaba en orden.

Algunas enfermeras, que no me conocían, pensaban que yo era diabético, pues la doctora que me atiende es endocrinóloga pediátrica. Pero las enfermeras que me habían atendido antes, inmediatamente aclaraban que yo no era diabético, y les explicaban a las demás el diagnóstico y cuadro clínico a la perfección. Las enfermeras de mayor antigüedad en el hospital me conocían muy bien, y sabían que yo era un "payaso", pues estaba siempre de buen humor. Por eso, si veían que no tenía ganas de reír, se preocupaban mucho y estaban muy atentas. Cada vez que me iban a sacar muestras de sangre era un problema, ya que mis venas están llenas de callos y son difíciles de trabajar. Cuando esto sucedía, buscaban a las enfermeras que me habían atendido desde niño, quienes conocían mis venas de principio a fin. En mis mejores días, me gustaba hacerles "maldades" y asustaba a las enfermeras nuevas. Sí, yo no era fácil. A pesar de todo, veía la promesa que Dios había hecho a mis padres. Él tiene el control; solo hay que pedir fuerzas para sobrellevar la prueba. Nos pide que no temamos, ni desmayemos, pues Él estará con nosotros donde quiera que vayamos.

Cuando la oncóloga pediátrica supo que estaba hospitalizado, le dijo a mi doctora de cabecera que quería seguir muy de cerca mi evolución. Lo primero que preguntó fue si yo estaba comiendo bien. Cuando mis padres le dijeron que no, ella dijo: *"Sí, está malito"*. Quienes me conocen saben que me gusta mucho comer. ¡Aún tomando la quimioterapia, comía mucho! Aunque parezca broma, así era. Al comenzar esta segunda etapa, recuerdo que le pedía a Dios en oración: *"Hazme saber y entender el camino que debo andar. En tus manos estoy para lo que quieras"*. Ese fue el comienzo de mi nuevo camino. ¿Por qué un nuevo camino, si era una recaída? Lo digo porque a diferencia de la primera vez, esta vez estaba consciente del peligro y de lo que conlleva una recaída. Entendía la responsabilidad de enderezar lo que torcí, y lo mejor de todo, de presentar al mundo lo que significa vivir esta experiencia.

> *Estas cosas os he hablado para que en mí*
> *tengáis paz. En el mundo tendréis aflicción; pero*
> *confiad, yo he vencido al mundo. Juan 16:33*

### Historias paralelas

Como lo entendí, te lo cuento. El día que me hospitalizaron, también internaron a una jovencita que había recaído en su proceso de enfermedad; tenía cáncer. Si mis venas eran malas, las de ella eran peores; los dolores que sentía eran tan fuertes que eran casi insoportables. Yo la entendía a la perfección. En las horas de visita, sus familiares observaban que todas las enfermeras entraban a mi cuarto y bromeaban conmigo; se sorprendían de la amistad que tenía con ellas. Eran personas creyentes, luego supe que eran evangélicos; pero la muchacha insistía en una pregunta: *"¿Por qué recaí?"* Los conocimos un viernes; y el sábado, mis amigos Joel y Daniel fueron a visitarme con unas amistades de su iglesia. Ya los conocía porque, a veces, salíamos todos juntos. Joel y Daniel conocían mi estado clínico, porque estuvieron conmigo durante mi primer proceso de hospitalización y tratamiento. Pero aquella primera vez, mis amigos vieron a un Josué siempre "payaso" y alegre. En esta ocasión, al verme tan mal, no lo podían creer. Recuerdo que uno de sus amigos mostraba en su rostro la tristeza y el asombro. Daniel, Joel y yo nos reíamos; para mí era más de lo mismo, o por lo menos eso pensaba.

El día que vinieron mis amigos, antes de irse, querían orar por mí. Pero yo les dije que oraran por mí después, ya que prefería que oraran por la joven que había conocido en el hospital. Ella estaba pasando por un momento muy difícil; su fe había decaído y no tenía fuerzas para luchar. Ellos, respetuosamente, buscaron a la joven y comenzaron a orar por ella y su familia. Entonces entendí el propósito de Dios por el cual yo estaba, en ese momento, en el hospital. Lo que voy a decir puede levantar controversias, o ser incomprensible para algunos. Pero la Biblia dice: *"Como son más altos los cielos que la tierra, así son mis caminos más altos que vuestros caminos, y mis pensamientos más que vuestros pensamientos."* (Isaías 55:9). Vi con mis ojos cómo el semblante de aquella joven cambió y surgió un nuevo deseo de vivir; no tan solo lo vi yo, sino también lo vieron su familia y las enfermeras. Lo mejor de todo fue cuando Joel hizo la *oración del penitente;* la joven se reconcilió con Dios. Todos ellos, especialmente mis amigos, entendieron que Dios estaba presente.

¿Cuál es el propósito de Dios? Compartir con otros las grandes cosas que Él hace por sus hijos; Él sana, salva, liberta, y viene por nosotros. He querido compartir contigo que, aún estando enfermo, creo en un Dios que restaura, levanta, que nos tiene de pie y es fiel. Cuando estés pasando por una situación difícil, no le preguntes a Dios *por qué;* mejor pregúntale *para qué.* ¿Sabes por qué? Porque cuando pases esa prueba van a llegar personas a tu vida con la misma situación, y tú podrás hablar con sabiduría, porque ya pasaste por lo mismo. En mi caso, al estar enfermo con una condición que me aqueja físicamente, y además haber pasado por una depresión, puedo decir que lo comprendo, porque lo viví y lo sigo viviendo. Por eso, cuando llegan las pruebas, siempre hay una razón. Por lo menos, yo entendí que no importa mi condición física, Dios me ha llamado para decirles a otros que *Él es quien me tiene de pie*. Además, Dios conoce tus capacidades, y no importa la prueba por la que estés pasando, eres útil en sus manos.

*Pasión por la oración*

Desde ese día, aquella joven cambió. Cada vez que la hospitalizaban, preguntaba por mí; y si yo me encontraba hospitalizado, pedía que la dejaran verme. Hablamos mucho sobre Dios y me contó sus inquietudes. Siempre me pedía que la mantuviera en mis oraciones. No hablaba con mucha gente, pero a través de nuestra amistad, pudo ver con sus ojos el cambio que Dios había hecho en mi vida. Ella no fue la única que notó mi cambio; hasta las enfermeras vieron que mis ojos brillaban cuando hablaba de Jesús.

Las doctoras decían que estaba mejorando, pero un fin de semana me puse muy mal. Cuando la enfermera que estaba de guardia me tomó la temperatura, vio que estaba altísima, a tal grado que me causó vómitos. Ella sacó fuerzas, me levantó, y ayudó a bañarme. Mientras eso pasaba, prepararon un cuarto de aislamiento para mudarme. Tenían que hacerlo, porque a mi compañero de cuarto le estaban dando quimioterapias y sus defensas también estaban bajas. Responsable y diligentemente, las enfermeras me mudaron de habitación, llamaron a la doctora y ella les dio nuevas instrucciones. Ese domingo, mis visitas fueron restringidas, ya que mi condición había empeorado. Las enfermeras de turno estaban muy pendientes de mí; lo recuerdo y me parece increíble cómo todas se desvivían por los pacientes. De hecho, puedo decir que los médicos y enfermeras de ese hospital, en particular, son muy celosos con los pacientes, de una manera muy comprometida. Eso siempre me reconfortaba en los momentos difíciles.

Una tarde, recibí la visita de una amiga con sus padres. Para el corto tiempo que llevábamos de conocernos, habíamos desarrollado una excelente amistad y hasta el día de hoy, la hemos conservado. Entraron preocupados, porque vieron que me habían colocado en el área de aislamiento. No se atrevían a acercarse mucho, por miedo a provocar que me enfermara. Al verme, me expresaron que había algo en mí que no podían explicar. La madre de mi amiga comenzó a llorar, y llena del Espíritu Santo me preguntó, con mucho respeto, si podía orar por mí. Ya el Espíritu me estaba dando testimonio de que Dios me hablaría en ese momento, y así fue. Ella me dijo que no importaba lo que la ciencia dijera, Dios tenía el control, porque Él no era Hijo de Hombre para mentir, ni arrepentirse. Dijo que con nuestros ojos habríamos de ver cómo Dios nos usaría para sus propósitos, y que en mis debilidades, su poder se perfeccionaría. Mientras esa mujer oraba en el Espíritu, empecé a reprender al ángel de la muerte.

Todo el panorama empezó a cambiar, la fiebre empezó a cesar, los vómitos desaparecieron, y volví a tener color en mi rostro, ya que estaba muy pálido. Después, mi madre los llevó hasta donde estaba otro paciente, para que oraran también por él. Cuando se despidieron de mí, riendo y llorando a la vez, decían que en la habitación estaba la presencia de Dios, cosa que no podían explicar. Sin saberlo, quizás también Dios les estaba ministrando a ellos. Sus ojos lo decían todo. Todos nos dimos cuenta de que no importa la dureza de las situaciones que estemos pasando, Dios tiene el control.

*Familia extendida*

A partir de ese momento, mi pasión de orar por los enfermos crecía cada vez más. El día antes de que me dieran de alta del hospital, me visitó un grupo de jóvenes de la iglesia, algo que yo no esperaba. La misma pasión que Dios depositó en mí, empezó a depositarla en ellos. Al ver mi realidad, no dejaban de llorar y clamaban: *"Perdónanos Dios, por ser malagradecidos"*. Era algo sorprendente. En ese momento subió la trabajadora social del hospital, y al entrar a mi habitación fue a darme un abrazo. Antes de que hablara, la presidenta de los jóvenes le dijo: *"Dame una fecha lo antes posible, pues deseo traer a los jóvenes de la iglesia"*. Esa semana, Dios no solamente trabajó conmigo, también lo hizo con mis amigos de la iglesia y con los amigos de la iglesia de Joel. Dios demostró que cumple sus promesas. Él es el Dios que sana, pero también el que da la sabiduría. Esa semana *volví a nacer*; mis doctores, las enfermeras, todos, pasaron del plano profesional a ser parte de mi familia. Si no fuera porque Dios los puso en mi camino, quizás no estaría escribiendo hoy este capítulo de mi vida. Siento un gran agradecimiento por todas las enfermeras que me atendieron en los largos días que pasé en el hospital.

Debo mucho a las supervisoras y enfermeras que estuvieron de servicio durante mis días difíciles. Sus constantes consejos y palabras motivadoras, para que no me diera por vencido y siguiera luchando, me hicieron ser la persona que soy. Ellas no solo se dedicaron a atenderme; también me levantaron cuando más deprimido estuve. Les agradezco que hayan creído en mí y me hayan brindado su confianza. Siempre, en broma o en serio, su forma de ser me enseñó a ver lo bonito de la vida. Dejaron de ser enfermeras, para ser mis amigas y protectoras. Bromeábamos tanto que ya en el hospital nos tenían miedo; pero el trabajo realizado no fue en vano. Nada más con mirarme sabían cómo me sentía, y no hacía falta que les dijera nada.

Todos los profesionales que me atendieron en el hospital transformaron mi soledad en alegría. Fueron mi familia cuando mis padres no podían estar presentes. Mis familiares se iban confiados, pues sabían que las personas que Dios había puesto en nuestro camino, no les defraudarían. Las enfermeras que me cuidaban fueron parte de mi crecimiento. Vieron a aquel jovencito convertirse en hombre, y luego casarse. Me enseñaron a ver la vida de otra manera y dejaron marcas imborrables. Por eso te digo que Dios tiene el control; si no lo tuviera, no hubiera tenido la dicha de conocer a las mejores enfermeras y doctores del mundo, por lo menos, para mí.

# Esfuérzate y sé valiente

>>>  >>>  >>>

*No tendrá temor de malas noticias;*
*su corazón está firme, confiado en Jehová. Salmo 112:7*

Durante el mes de mayo, me hospitalizaron varias veces. Me habían salido muchos abscesos en el cuerpo; algo más que había que atender. Al realizarme exámenes de laboratorio, la doctora observó en los resultados que la función del riñón no era la adecuada. Como estaba hospitalizado, solicitó que volvieran a realizar los exámenes. En esos días, notaba que había comenzado a perder, otra vez, movilidad en los pies, y los medicamentos no estaban dando resultados. Antes de darme de alta, la doctora quiso consultar mi caso con otros médicos. El piso de oncología del hospital contaba con excelentes hematólogos y oncólogos pediátricos. Ellos ya me conocían de años anteriores, cuando estuve internado en ese hospital. Estos especialistas sugirieron a mis médicos que pidieran una opinión, sobre mi caso, en un hospital de los Estados Unidos que se dedica a condiciones catastróficas como la mía. Pero faltaba un elemento, y era la opinión de un nefrólogo. Como ya había cumplido los 18 años, debía visitar a un nefrólogo de adultos.

Me dieron de alta del hospital y ese mismo día me preparé para ir, directamente, a visitar al nefrólogo. Los médicos le dieron a mi madre los documentos con todos los exámenes realizados y el tratamiento recomendado; solo faltaba la opinión del especialista. Mi madre y yo fuimos a consultar a una doctora que le habían recomendado. Al llegar a la cita, la doctora examinó los documentos, me realizó una revisión física, y recuerdo que le dijo a mi madre: *"Señora, su hijo es candidato a diálisis. Yo lo más que puedo hacer es recetarle un medicamento y esperar que los riñones dejen de funcionar".*

Mi madre miró a la doctora fijamente a los ojos y le dijo: *"Ni los médicos de mi hijo, ni mi esposo, y menos yo, vamos a permitir que lo dialicen"*. Ella respondió: *"Señora, tiene que entender que su hijo va a morir"*. Mi madre se levantó de la silla y yo pensé: *"Se fastidió esto, aquí va a haber pelea; ya cerró los puños, olvídate"*.

Antes de que mi madre pronunciara una palabra, la especialista añadió: *"Yo sé que no los voy a volver a ver; ustedes ya tienen excelentes médicos"*. Y ella, muy tranquila, le dijo: *"Así es, los mejores; y tiene usted razón, no volveremos a verla"*. Mi madre salió de la oficina médica conteniendo el llanto y llamó enseguida a mi padre. Yo escuché cuando le dijo: *"Sí, lo voy a hacer"*. Nos subimos al auto y vi que tomamos la ruta de regreso al hospital. Luego supe que mi padre le dijo que volviéramos inmediatamente a la oficina de mi doctora, para contarle lo sucedido.

En el camino, mi madre llamó a la secretaria del consultorio para avisarle. Cuando mi doctora nos vio llegar a su oficina, se dio cuenta de que mi madre ya no podía contener las lágrimas, y me dijo: *"Josué, espérame afuera, ya mismo te llamo"*. Me fui al piso de oncología a ver a las enfermeras, o mejor dicho, a mis amigas. Una de ellas me preguntó qué hacía de nuevo en el hospital y le conté lo sucedido. Le dije que quería ver a mi nefrólogo pediátrico para consultarle lo que estaba pasando, pues si alguien conocía cada uno de mis síntomas y la función de mis riñones, era él. El nefrólogo al cual me refería ya no trabajaba en ese hospital y no sabía cómo conseguirlo. La enfermera me dijo que volviera a la oficina de la doctora con mi madre y mientras tanto, ella trataría de localizarlo.

Me despedí de las enfermeras y de mis amigos del piso de oncología, y me dispuse a regresar a la oficina. Pero antes de irme, vi a una mujer que gritaba: *"¡Varón del Dios altísimo, tú eres el que yo esperaba para que ores por mi hija!"* Probablemente, te estarás preguntando si yo la conocía; pues la respuesta es "no". Pero Dios sí, y también conocía la oración de esa mujer. Cuando comencé a orar por la niña, y lo cuento dando toda la gloria y honra a Dios, aquella mujer lloraba como mis padres lloraron la primera vez que supieron de mi enfermedad. Mi corazón se llenaba de gozo y mi alma se regocijaba, al hacer la voluntad de Dios. Mi espíritu le decía a Dios como dice el Salmo 40:8: *"El hacer tu voluntad, Dios mío, me ha agradado, y tu ley está en medio de mi corazón"*. Cuando abrí los ojos, una de mis amigas enfermeras me dice: *"Josué, hay otros pacientes aquí y sus familiares desean que ores por ellos."* En ese momento, olvidé mi situación personal; me enfoqué por completo en esos pacientes que necesitaban un toque de Dios en sus vidas.

Recordé el momento cuando me reconcilié con Dios y le dije: *"Enséñame a hacer tu voluntad, porque tú eres mi Dios; tu buen espíritu me guíe a tierra de rectitud"* (Salmo 143:10). Mi situación personal pasó a un segundo plano. Y como Dios es perfecto, en esos precisos momentos recibí un mensaje de texto, de parte de una amiga de Joel y mía, que decía: *"Deléitate así mismo en Jehová, y él te concederá las peticiones de tu corazón. Encomienda a Jehová tu camino, y confía en él; y él hará. Exhibirá tu justicia como la luz, y tu derecho como el mediodía"* (Salmo 37: 4-6). Al terminar de orar por todos ellos, me avisaron que la doctora me estaba esperando.

*Por nada estéis afanosos, sino sean conocidas vuestras peticiones*
*delante de Dios en toda oración y ruego, con*
*acción de gracias. Filipenses 4:6*

### Mi equipo estrella

Al entrar a la oficina, veo que además de mi doctora de cabecera y mi madre, también estaba al teléfono, en altavoz, la otra doctora que me atendía. Ellas comenzaron a explicarme la situación que estábamos enfrentando. La doctora me dijo: *"Hijo mío, esa doctora les dijo una realidad que debemos enfrentar, pero mientras yo viva y estemos contigo, haré lo imposible para que no te dialicen."* En eso, la secretaria de mi doctora entró a la oficina y le dijo que tenía en el teléfono al nefrólogo pediátrico que me había atendido anteriormente, y a quien yo estimaba mucho. Mis ojos se llenaron de alegría al saberlo; hacía tiempo que no sabíamos nada de él. Mi madre empezó a llorar, de alegría.

Cuando la doctora tomó la llamada, los tres médicos hablaron en conferencia. Entonces escuché al doctor preguntar: *"¿Qué le pasó a Josué? En estos días estaba pensando en él; cuéntenme qué ha pasado."* La doctora le explicó lo ocurrido y ambas dieron su opinión sobre los resultados de los estudios. Al contarle lo que había dicho la doctora que visitamos, él contestó: *"El lupus se activó, estoy seguro de eso. Para que tengamos un mejor panorama, vamos a hacerle otra biopsia del riñón y de ahí sabremos qué vamos a hacer. Pero estoy seguro de que tendremos que volver con la quimioterapia. Enviemos los papeles a Estados Unidos y que nos digan qué cambios deben hacerse."* Ellas estuvieron de acuerdo con las sugerencias, pero ahí no terminó todo. Como yo tenía más de 18 años, el plan médico puso obstáculos para que él supervisara mi tratamiento, pues es especialista pediátrico. Pero como conozco a un Dios que hace posible lo imposible, las doctoras le dijeron: *"Si el plan nos sigue molestando, nosotras nos encargamos de todo. Ahora, Josué, los médicos estamos poniendo de nuestra parte, pero necesitamos también la tuya; y lo más importante, necesitamos que Papá Dios ponga su mano."* Yo la miré a los ojos y le dije: *"Así será".*

Me alegré mucho de que el nefrólogo pediátrico se comunicara con nosotros. ¿Qué tienen de especial estos médicos? Pues bien, este doctor, en particular, me había hecho la primera biopsia en 1993, y fue él, junto a mis doctoras, quien me administró el tratamiento. Conocía mis riñones de pies a cabeza. Además, él no era un médico más, era mi amigo, y era más psicólogo que nefrólogo. Sus consejos estaban llenos de sabiduría y nunca permitía que los pacientes, o sus familiares, se sintieran incómodos. Por eso me alegré tanto al saber que tomaría mi caso nuevamente; sabía que no permitiría que me dializaran. En segundo lugar, a estos tres médicos -mis dos doctoras y el nefrólogo pediátrico- yo los consideraba "mi equipo estrella".

Sé que Dios los puso en mi camino, y junto a ellos incluyo a las enfermeras de oncología, y a los doctores hematólogos oncólogos que me atendían. También son parte de este grupo las licenciadas de la farmacia del hospital.

Cuando Dios toma el control, toma lo mejor. Pone personas en tu camino que no esperas; personas que no te restan, sino que suman a tu vida. Ninguno de estos médicos y enfermeras era un "llanero solitario"; trabajaban siempre en equipo y era un gran equipo, mi equipo estrella. Supongamos que eres dueño de un equipo, o eres jefe de una empresa. Todos sabemos que cada persona tiene una personalidad distinta, y quizás no estemos de acuerdo unos con otros. Pero cuando el jefe o dueño de la empresa pone todo eso a un lado y permite la colaboración, todos comienzan a trabajar en *koinonía* dentro del equipo. El ambiente que se genera cambia, y las diferencias se minimizan. Comienzan a florecer las estrategias, las soluciones, y los consejos sabios; el equipo de trabajo se vuelve exitoso. De igual forma sucedió entre nosotros. En mi caso, el trabajo en equipo no fue tan solo de los médicos. Yo también tuve que poner mucho de mi parte y además, todos dejamos que Dios tomara el control.

*El limosnero*

---

¿Cómo le iba a pedir a Dios en esos momentos que me sanara, si no fui buen mayordomo de mi cuerpo y mi salud, y no tomé en cuenta las bendiciones que me había dado? Me sentía culpable por no cumplir lo que prometí; pero la Biblia dice en Eclesiastés 5:20: *"Porque no se acordará mucho de los días de su vida; pues Dios le llenará de alegría el corazón"*. Así fue; y sí, le iba a pedir que me sanara. Pero ese día, cuando salimos de la oficina después de hablar con los médicos, tuvimos que regresar a mi casa a preparar nuevamente la maleta, porque esa semana me harían la biopsia. En el camino hacia la casa, para ser más exacto, cuando transitábamos por la avenida, el semáforo se puso rojo. Mi madre estaba llorando, pensando en la situación que debíamos afrontar. Aunque ya estábamos viendo luz al final del túnel, el reto era más difícil que la primera vez. En ese semáforo había un deambulante pidiendo limosna.

Al acercarse al automóvil de mis padres para pedirnos dinero, miré fijamente su rostro. ¿Sabes por qué lo hice? Porque vi en él una proyección de mí mismo, como si fuera yo quien le pedía limosna a mi madre. En otras palabras, en ese momento sentí que yo era ese deambulante que pedía dinero en el semáforo. En ese instante, le dije a Dios en voz alta: *"Gracias, por no sanarme"*. Mi madre, sorprendida, me preguntó por qué decía eso, y enseguida me dice: *"Josué, no vuelvas a decirlo"*. Yo le respondí: *"Mira bien a ese joven que está pidiendo limosna."* Entonces, saqué unas monedas de mi bolsillo y lo llamé. Cuando el hombre se acercó a nosotros, mi madre vio lo mismo que yo estaba viendo; me vio a mí, a su hijo, pidiendo limosna. Ella pudo ver, también, lo que Dios quería mostrarme. Asombrada, no lo podía creer.

Le di gracias a Dios por haberme salvado, y le dije: *"Si me sanas y sabes que me voy a perder, pues entonces te pido que no lo hagas. Prefiero estar enfermo, sirviéndote, que sano y perdiéndome en delitos y pecados."* También pude entender que era el momento de dar testimonio a mis amigos del hospital y a sus familiares, de que es mejor la salvación que la sanidad del cuerpo. Cuando buscamos en la Biblia los milagros de Jesús, curiosamente notamos que en muchos de los pasajes él le decía a los enfermos: *"¿Qué quieres que haga?"* Podemos decir, ¿por qué la pregunta? ¿Acaso él no sabía que estaban enfermos? ¡Pero cómo no iba a saber, si él podía ver su enfermedad!

Déjame decirte algo, Jesús no solo sabía que estaban enfermos, sino que también conocía las necesidades de sus corazones. Jesús sabía que más importante que la sanidad de sus cuerpos, era la de sus almas, corazones, temores y ansiedades. Dice la Biblia en Jeremías 33:6: *"He aquí yo les traeré sanidad y medicina; y les curaré, y les revelaré abundancia de paz y verdad."*

## Pecador arrepentido

Cuando llegaron los resultados de la biopsia del riñón, se confirmó el diagnóstico que los médicos esperaban: *lupus sistémico tipo 3*. Sí, la situación era difícil, pero no imposible para Dios. Recogimos los resultados de la biopsia, y se los llevamos a las doctoras para determinar el tratamiento a seguir. Tendría que recibir quimioterapia, nuevamente. Pero en esta ocasión, mi doctora deseaba que la oncóloga pediátrica le diera su opinión, ya que parecía ser más de lo mismo, pero en realidad no lo era. Esta doctora trabajaba casos complejos, por lo que sus recomendaciones eran pieza clave y vital. Ya todo estaba listo, pero sentía que me faltaba algo más. Me sentía nervioso, asustado. Contaba con el apoyo de todos, ¿qué me faltaba? Sentir el apoyo de Dios en mi vida, saber que Él estaba en todo, deseaba sentir la presencia de Dios en mi habitación.

Pensando en esto, escuché que sonaba el teléfono de mi cuarto. Me sorprendí al tomar la llamada; era la pastora de la iglesia. Se había enterado de que comenzaba de nuevo con los tratamientos. Ella quería orar por mí, darme apoyo espiritual. Llamaba, también, para decirme que todos en la iglesia estaban a mi disposición. Pero lo más importante, me dijo que Dios no me iba a dejar solo, que una vez más se iba a glorificar, y que en todo lo que estaba sucediendo había un propósito de Dios. Comenzó a orar por mí y nunca olvido sus palabras. Le decía al Señor que se glorificara en mi vida, que la ciencia había dictaminado un diagnóstico, pero Él siempre tiene la última palabra.

En su oración, enviaba palabra de sanidad a distancia, pedía a Dios que su amor venciera mi temor, y sobre todas las cosas, que pusiera su paz. Terminó la oración y me dijo: *"Josué, no temas, tú verás y te sorprenderás de las grandes cosas que Dios hará en tu vida."* Me pidió que fuera a la iglesia en cuanto me dieran de alta, para compartir mi testimonio, aunque fuera con la mascarilla puesta, para que la iglesia orara por mí. Pero lo más importante, me dijo que Dios me daría la victoria; que mucha gente se sorprendería al verme y desearían conocer al Dios al cual sirvo. Para mi sorpresa, así fue.

Al terminar la llamada, la enfermera entró y me dijo: *"Josué, te quiero presentar a un chico que está triste y asustado, porque empieza su tratamiento. Le conté de ti, y sus padres desean conocerte"*. Entré a la habitación y me llevé otra gran sorpresa, pues me encontré con un amigo que había conocido hace muchos años en el hospital. Empezó la fiesta y el temor había desaparecido. Antes de irme al cuarto de tratamiento, mi amigo y su vecino me pidieron que hiciera una oración. El vecino, que era muy callado, al terminar la oración me dijo: *"Deseo, una vez más, que tu Dios sea el mío; necesito que entre en mi corazón."* Hizo conmigo la *oración del pecador arrepentido*, y al salir de la habitación entendí el mensaje de mi pastora. En ese momento, me dije: *"Satanás, me tocarás el cuerpo, pero no el alma. Señor, hacer tu voluntad será mi deleite y te pido que no apartes de mí tu Santo Espíritu; de hoy en adelante hablaré de tus grandezas."*

Luego, en mi habitación, recibí la visita de algunos jóvenes de mi iglesia; entre ellos estaba, también, la madre de uno de mis amigos. Al entrar al cuarto, ella me dijo: *"Así te dice el Señor, por tus venas correrá el medicamento, y seré yo. Esfuérzate y sé valiente, no temas ni desmayes, porque Él estará contigo donde quiera que vayas. Su poder se hará notar en tu vida"*. Los jóvenes me miraron sorprendidos y yo les dije: *"Sí, fue Dios quien habló; mañana empiezo el tratamiento"*. En lugar de ellos ministrar, fueron ministrados, y vieron que vale la pena servirle a Dios y hacer su voluntad: *"Por nada estéis afanosos, sino sean conocidas vuestras peticiones delante de Dios en toda oración y ruego, con acción de gracias"* (Filipenses 4:6). Yo también me he sentido así, con temores y ansiedades. Pero en esta ocasión, tuve un encuentro real con Dios. Sabía que si las aves no trabajan y Él las cuida, también cuidaría de mí. ¿Sabes por qué? Porque Él nos ama. Si a mí nunca me ha dejado solo, tampoco te dejará a ti. Verás con tus ojos que Dios *sí* tiene el control, siempre y cuando tú se lo permitas.

## *Mi amigo valiente*

El día que me hospitalizaron, mi cuarto estaba vacío; solamente estábamos mi madre y yo. Más tarde, entró a compartir la habitación un joven preadolescente. Aquel muchacho era un "chiste"; era ocurrente y simpático. En las habitaciones, las dos camas estaban separadas por una cortina. En cuanto entró al cuarto, escuchó que yo estaba jugando videojuegos (sí, me fascinan los videojuegos), abrió la cortina emocionado y me dijo: *"¿Quieres ser mi amigo?"* Me dio mucha risa su ocurrencia y, por supuesto, le dije que sí. De inmediato, le entregué un control y nos pusimos a jugar. Cuando las enfermeras entraron al cuarto, una de ellas preguntó: *"¿Dónde está mi chico?"*. Estaban buscándome a mí; pero mi amigo, rápidamente, les contestó: *"¡Aquí!"* Como siempre, provocó risas y carcajadas entre todos. Una de las enfermeras se me acercó, me dio un abrazo, le dio otro a mi madre y luego me dijo: *"Josué, con el favor de Dios, mañana empezamos"*.

Las enfermeras nos presentaron a la madre de nuestro amigo, quien quedó muy sorprendida de que todas entraran al cuarto a saludarme, algo que muchas veces nos decían los demás pacientes. Mi madre y la señora comenzaron a hablar y a compartir sus historias. A mi compañero de cuarto y a mí nos darían el tratamiento de quimioterapia el mismo día. Recuerdo que al día siguiente, entraron a la habitación mis doctores. Fueron a revisar que todo estuviera en orden, antes de empezar la primera dosis de quimioterapia. Pero en esta ocasión, me tocaba firmar los papeles para autorizar los tratamientos, pues ya era mayor de 18 años. En esos momentos, pude entender mejor a mis padres, cuando tuvieron que firmar los papeles de autorización la primera vez. Cuando te explican las complicaciones del medicamento, la mente se bloquea, comienzas a dudar si estás tomando la decisión correcta, si vale la pena luchar. No solo pasamos por esta experiencia mis padres y yo, sino también los padres de todos mis amigos del hospital, a quienes les pasaba por la mente eso y mucho más.

Las posibilidades de complicaciones en las quimioterapias son muy altas. Prácticamente, el porciento de vida disminuye. Pero, ¿qué opción tenía? Las opciones eran no aplicarme la terapia y morir, o morir en el intento. Efectivamente, yo había escogido la opción de morir en el intento. ¿Por qué? Pues porque había esperanza de vida, y aunque me hubiesen dado apenas un porciento de vida, yo pelearía por ese porciento. Además, mis compañeros de hospital me enseñaban, cada día, que vale la pena luchar por vivir. La alegría de algunos de ellos era impresionante y contagiosa. Mi compañero de cuarto, en ese momento, me enseñó a tener esperanza, a permanecer alegre en medio de las circunstancias; me enseñó que es posible aguantar el duro proceso de las terapias, y aún tener una sonrisa en los labios. Me demostró con su alegría lo que la Biblia dice en el Salmo 23:4: *"Aunque ande en valle de sombra de muerte, no temeré mal alguno, porque tú estarás conmigo; tu vara y tu cayado me infundirán aliento."*

Cuando nos administraron la quimioterapia, los dos nos apagamos, como dicen en mi pueblo. Las enfermeras se dieron cuenta de que el medicamento nos hizo efecto rápidamente. Lo que un día fueron risas, bromas y juegos, al día siguiente se convirtió en una sensación horrible, pues los efectos secundarios de la quimioterapia son muy fuertes. Sin embargo, mi amigo no permitió que nuestra amistad se apagara. Sus padres eran personas maravillosas; y pasó lo mismo que había sucedido con otros compañeros de hospital. Cuando nos hospitalizaban, siempre pedía cambiar de cuarto para estar conmigo. Compartir con él hizo mis días más cortos; todo era una broma y alegría continua. Nuestra alegría era tan contagiosa que, por las noches, todos los compañeros del piso entraban a nuestro cuarto a jugar videojuegos, a ver películas, o simplemente a compartir.

A través de mi amigo conocí a muchos pacientes que estaban en la misma posición que nosotros. Era digno de admirar; la risa nunca se borró de su rostro. A pesar de lo fuerte que era el medicamento, su estado anímico siempre fue el mismo. Pero lo más importante para mí, era observar que siempre oraba con su familia. A veces sentimos que el mundo se nos viene abajo, cuando pasamos por situaciones de menor importancia y pensamos que no hay salida. ¿Si la fe de un jovencito gravemente enfermo no decae, por qué otros la pierden por lo más mínimo? Dice Jesús, en Mateo 21:21: *"De cierto os digo, que si tuviereis fe, y no dudareis, no sólo haréis esto de la higuera, sino que si a este monte dijereis: Quítate y échate en el mar, será hecho."*

# Dios se glorifica

>>> >>> >>>

*Oyéndolo Jesús, dijo: Esta enfermedad no es para muerte,*
*sino para la gloria de Dios, para que el Hijo de Dios*
*sea glorificado por ella. Juan 11:4*

Día a día, durante los meses que estuve internado en el hospital, conocí a muchos pacientes. Cuando llegaban pacientes nuevos, las enfermeras buscaban a los que llevábamos algún tiempo internados, para servirles de apoyo a las familias. Además de las trabajadoras sociales, había también en el hospital un capellán que daba apoyo espiritual a las familias. Un día, mi cuerpo estaba rechazando el tratamiento y me pasaron a un cuarto privado. Los compañeros del piso y sus familiares se percataron de que ya no salía a compartir con ellos; y no por falta de deseos, sino porque los médicos no me lo permitían. Me realizaron laboratorios y estudios para ver la función del riñón y de otros órganos. El lupus me estaba atacando, fuertemente. Llamaron a mis padres, al nefrólogo, y a la reumatóloga, para analizar lo que estaba pasando.

Días antes había conocido a dos pacientes de cáncer. Ambos estaban terminando ya sus tratamientos. Sabían que yo era evangélico, y sus padres me pidieron que orara por ellos. Antes de comenzar a orar, hablamos de la importancia de la fe. Recuerdo que les decía que había que tener fe "como un grano de mostaza". La Biblia dice en Mateo 17:20: *"Jesús les dijo: Por vuestra poca fe; porque de cierto os digo, que si tuviereis fe como un grano de mostaza, diréis a este monte: Pásate de aquí allá, y se pasará; y nada os será imposible".* Sin darme cuenta, se había parado detrás de mí un sacerdote que era capellán del hospital; le acompañaban unas monjitas. Habían ido a despedirse de los dos pacientes. Con respeto, terminé la conversación y luego, el sacerdote se acercó a saludarme. Una de las monjas me pidió que me quedara y siguiera conversando con ellos. Le agradecí la invitación y le dije que debía irme, porque me había escapado de mi habitación. Pero mi corazón palpitaba fuertemente, pues en realidad yo deseaba orar por ellos. Antes de salir de la habitación, uno de los pacientes me pidió que orara, y así lo hice.

Para mí fue un gran regocijo que Dios me pusiera en alto, y me permitiera orar por esas personas. Además, no podía permitir que mi condición de salud obstruyera mi deseo de predicar el evangelio; tampoco me avergonzaba de lo que Dios había hecho en mi vida. El día que llamaron a mis padres, mientras los médicos hablaban con ellos en privado, los pacientes que había conocido, y sus familiares, pidieron permiso para visitarme en mi habitación pues querían despedirse. Cuando entraron a mi cuarto, entró con ellos el capellán con una de las monjas. Me preguntaron cómo yo podía predicar sobre un Dios que sana, si Él no me había sanado. Al instante les dije que a mí no me había sanado, pero a ellos sí; que verían con sus ojos el milagro de Dios en sus vidas y serían sanados.

Después de despedirse de mí, el capellán y la monja fueron a buscar a mis padres. Cuando mi madre los vio llegar, pensó: *"¿Qué habrá hecho Josué?"* El sacerdote se dirigió a ellos y les dijo: *"Estoy fascinado con su hijo"*. Una vez más, Dios se glorificaba. Lo que ellos no sabían era que me estaba sintiendo un poco triste, porque me veía preso de una condición que no me dejaba funcionar. Me quedé pensando en las palabras de aquella persona que me había cuestionado por qué predico un Dios que sana, si no lo había hecho conmigo. Esperé a que cayera la noche y se acabaran las visitas. Mis amigos y hermanos se fueron, y mi madre quiso quedarse, aunque le dije que no era necesario; pero madre al fin, se quedó. En la noche, cuando ella estaba durmiendo, casi sin poder me levanté, me arrodillé y oré: *"Señor, tu palabra dice que tú no desprecias un corazón contrito y humillado. Pero me siento solo, como si estuviera preso; hoy te necesito, si me vas a llevar a tu presencia, aquí estoy, pero si todavía no es el tiempo, glorifícate."*

*Pedid, y se os dará; buscad, y hallaréis; llamad, y se os abrirá. Porque todo aquel que pide, recibe; y el que busca, halla; y al que llama, se le abrirá. ¿Qué hombre hay de vosotros, que si su hijo le pide pan, le dará una piedra? ¿O si le pide un pescado, le dará una serpiente? Pues si vosotros, siendo malos, sabéis dar buenas dádivas a vuestros hijos, ¿cuánto más vuestro Padre que está en los cielos dará buenas cosas a los que le pidan? Mateo 7:7-11*

## Peticiones del corazón

Recuerdo que en el año 2001, hice mío ese versículo; pero también sabía que esta vez yo no me ceñía, era Dios. Esos días de tratamiento me separé para Dios, y le presenté mis peticiones; todo conforme a su voluntad. Antes de que me dieran de alta, deseaba hablar con mi doctora; quería saber si daba el visto bueno para comenzar a trabajar, estudiar, e integrarme a la iglesia. Pero lo que más deseaba mi corazón era una compañera. Deseaba estudiar y trabajar, porque me sentía comprometido a ayudar en mi casa con los gastos económicos. Además de ayudar a mis padres, quería sentirme útil; especialmente, deseaba aportar en los gastos de la universidad. Pero lo más importante para mí, era que mis peticiones no entraran en conflicto con los propósitos de Dios en mi vida.

Llegó el día en que me darían de alta, y recuerdo que la noche antes, al acostarme, abrí la Biblia con la esperanza de que Dios me hablara a través de su palabra. No quería tomar decisión alguna sin consultarla, primeramente, con Dios. La mejor forma en que Dios dirige tu vida es a través de la palabra. La Biblia es la mejor guía, el mejor mapa; es lo que nos enseña a caminar conforme a lo que Dios desea en nuestra vida. Por eso, el salmista dijo en el Salmo 119:105: *"Lámpara es a mis pies tu palabra, y lumbrera a mi camino."* Al abrir la Biblia, me percaté de que tenía marcado el libro de Reyes, para ser más específico, en 1 Reyes 3:3-15. Este capítulo habla del momento cuando el rey Salomón se da cuenta del legado y el reino que le dejó su padre, el rey David. El rey Salomón amó a Jehová y anduvo en los estatutos de su padre David. Jehová se le apareció a Salomón de noche; esa noche le pidió a Dios sabiduría para guiar a un pueblo. Conforme a su corazón, así fue.

¿Por qué para mí era importante presentarle mis peticiones a Dios? ¿Por qué era importante la decisión que Dios tomara para mi vida? Pues debo decir que en mi adolescencia, y al principio de mi juventud, no me daba cuenta de la importancia de mi condición; y no tan solo de eso, tampoco de todo lo que me rodeaba. Me atrevo a decir que cuando estamos tan cerca de la muerte, nos damos cuenta de que somos como la flor del campo. En ese momento, miraba hacia atrás y me daba cuenta de lo bueno que Dios había sido conmigo. Lo que más deseé, y deseo todavía, es agradar a Dios y hacer su voluntad; y poder decirles a otros que Él es bueno y nos sana. Cada vez que caía en el hospital, me daba cuenta de que había un propósito de Dios para mi vida. Supe que no era casualidad que estuviera enfermo en determinados momentos, pues cada vez que me enfermaba y me hospitalizaban, sabía que Dios aprovecharía el momento para que hablara a otros sobre sus grandezas. En ese tiempo participé en las elecciones de la iglesia, como diácono y miembro de la Junta de Gobierno. Trabajar para Dios era lo máximo para mí. No me perdía ni un solo culto. Si me entraba el desánimo, Dios usaba a alguien para animarme y orar por mí. Entre esas personas que Dios utilizó para reanimarme, siempre estuvo mi pastora. Ella ha sido mi mentora y consejera; ocupa un lugar muy importante en mi vida y corazón. No tengo palabras para agradecerle el haberme dado la oportunidad de estar junto a ella, trabajando para la iglesia.

*Una vida para Él*

Un domingo fui al culto por la noche, y de momento empecé a sentirme mal. Podía distinguir cuándo me sentía mal por causa de mi condición, o por alguna otra razón. Pero esta vez, sabía que era por mi condición. En la iglesia, recogiendo la ofrenda, una persona mayor que conocía a mis padres me observó y me dijo: *"No te sientes bien, ¿verdad?"* Yo le contesté: *"No, es más de lo mismo"*. Esa persona sabía que nunca me ha gustado que la gente me vea enfermo. Traté de disimular lo más posible, pero mi cuerpo decía otra cosa. Recuerdo que estaban sentadas a mi lado unas amistades de mis padres, miembros del coro de la iglesia. Era una pareja extraordinaria; en la opinión de mis padres y hermanos, una familia fenomenal. Ellos nunca preguntaban, siempre actuaban. Al darse cuenta de mi situación, inmediatamente alertaron a mis padres. Mi madre me hizo señas para que tratara de llegar hasta donde ellos estaban. Cuando me senté a su lado, mi padre me tomó la mano y le dijo a mi madre: *"Tiene fiebre"*.

En esos días, yo acaba de salir del hospital de recibir la quimioterapia. Mi madre reaccionó rápidamente, y le dijo a mi padre: *"Quique, busca el carro en lo que yo trato de hablar con la pastora."* Caminó hacia el altar, al lugar donde nos sentábamos siempre los miembros de la Junta de Gobierno de la iglesia. Llamó a unas de las diaconisas, y la pastora al verla, se levantó de su silla. Llamó a su esposo para que nos ayudara, y en ese momento toda la iglesia se percató de que yo no estaba bien. Muchos hermanos se acercaron diciéndome que estarían orando por mí. Ya mi madre había llamado a la doctora, y ella le contestó con la frase de siempre: *"Tráelo mañana con la maleta"*. En cuanto llegamos a la casa, mis padres me bañaron con agua fría; así bajaría un poco la fiebre. Mientras me ayudaban, en mi mente le preguntaba a Dios: *"Señor, ¿qué pasó?; si me sentía bien, ¿por qué recaí de momento?"* Al día siguiente, mientras me preparaba para ir al hospital, le volví a decir a Dios: *"Perdona, Señor, lo que te voy a decir, pero esto no es justo. No voy a hablar más de ti."* Sin embargo, mi mente y corazón decían otra cosa.

Al llegar al hospital, miré hacia arriba y le dije a Dios: *"Señor, estoy molesto, pero me quiero ganar una vida para ti. Y tú, Satanás, a ti te digo que puedes tocar mi cuerpo, pero no mi alma. Así que, ¡ni lo pienses!"* Las enfermeras, al ver que había regresado al hospital, fueron a la sala de emergencias para conseguir un cuarto de aislamiento, en lo que me preparaban una habitación. Yo estaba callado y molesto; no decía ni una palabra. Claro, también me dolía todo el cuerpo y la garganta, tanto que no podía hablar. ¡Qué contradicción fue decirle a Dios que me quería ganar una vida para él, pero a la vez no podía decir una palabra! Cuando subí a la habitación, las enfermeras me estaban esperando para administrarme los medicamentos y un suero nuevo. Al llegar al cuarto, me encontré con otro joven que también estaba muy enfermo.

Durante esos días no hablé; me sentía como Jeremías. Dice la Biblia que Dios escogió a Jeremías, para que le hablara a su pueblo sobre el arrepentimiento. Pero el pueblo no escuchaba a Jeremías y en lugar de aceptarlo, lo castigaban. Llegó el momento en que él se molestó con Dios y le dijo: *"Me sedujiste, oh Jehová, y fui seducido; más fuerte fuiste que yo, y me venciste; cada día he sido escarnecido, cada cual se burla de mí"* (Jeremías 20:7). Así me sentía yo; sentía que mi condición se burlaba de mí. Pero mi urgencia de hablar sobre Cristo era más fuerte que yo. Me mantuvieron hospitalizado por un tiempo; pasaron días en los que yo no hablaba con nadie de Dios. Pero un día, la presencia de Dios se empezó a apoderar de aquella habitación. Mi madre estaba hablando con la madre del joven que compartía la habitación conmigo. De repente, abrí la cortina que nos separaba y comencé a hablar de las maravillas del Señor. Para la gloria de Dios, declaré sanidad para su cuerpo. Estaba seguro de que le iban a dar de alta, y así fue. Los resultados de aquel muchacho salieron negativos, y le dieron de alta unos días después.

Aunque yo trataba de no hablar con nadie, el Espíritu de Dios hacía otra cosa. El mismo día en que oré por ese joven, una de las enfermeras fue a buscarme para que hablara con otra jovencita que no quería someterse a su tratamiento. La enfermera me llevó a verla con las debidas precauciones. Me di cuenta que ella llevaba un tiempo apartada de la fe, y su familia también. Cuando empezamos a conversar, le hablé de lo maravilloso que es entregarle el alma a Dios y sentir la salvación. Le dije que había estado en su misma posición, pero que un día dije, y cito: *"No escondas tu rostro de mí. No apartes con ira a tu siervo; mi ayuda has sido. No me dejes ni me desampares, Dios de mi salvación"* (Salmo 27:9). Al decirle estas palabras, la chica comenzó a llorar y me preguntó lo que todos me preguntan: *"¿Por qué hablas de un Dios que sana, si no lo ha hecho contigo?"* La respuesta siempre ha sido la misma: Dios es soberano y sabe todas las cosas. Pero también, le dije: *"Si Él me sana, ¿crees que alguien habría venido a decirte que Dios desea tu corazón? Gloria a Dios que no lo ha hecho, porque este día, para mí, valió la pena"*. Los padres de la joven comenzaron a llorar, pues ella accedió a someterse al tratamiento. Lo mejor de todo fue que aceptó a Jesucristo como su salvador. Desde ese día, cambió por completo; ya no le importaba la posibilidad de morir, porque sabía dónde iba a pasar la eternidad.

*Bástate mi gracia*

---

Al día siguiente, la enfermera entró al cuarto a decirme que me preparara, rápidamente, porque la Miss Universo de ese año vendría al hospital a visitar a los pacientes. Con una agenda como esa, me alisté enseguida y me sentí como nuevo. Las enfermeras se reían y comentaban entre sí: *"¡Milagro! ¡Josué se curó!"* Esa fue la broma del día en el hospital. ¿Miss Universo en el hospital? ¡Por supuesto que me curé! En un momento, Dios me trajo palabra utilizando mi experiencia de ese día. Cuando las modelos pasan por una pasarela, deben mirar por donde caminan para no tropezar. Pues, ¿sabes qué? La vida es una pasarela; debes estar atento para no caer. Ese día entró a mi cuarto un joven de mantenimiento, con los ojos llorosos. Me pidió que orara por él, porque necesitaba a Dios en su corazón. La Biblia dice: *"Encomienda a Jehová tus caminos, y confía en él y él hará; y exhibirá tu justicia como la luz, y tu derecho como el mediodía"* (Salmo 37: 5,6).

Al día siguiente, mi doctora vino a verme con otra especialista; querían hablar conmigo porque los resultados indicaban que la médula ósea estaba afectada. En ese instante, pensé: *"Lo que me faltaba"*. Debían hacer una biopsia de médula y necesitaban que alguien firmara los papeles del procedimiento. Mi madre fue a la estación de enfermeras para completar los preparativos y llenar los documentos. Cuando salió de la habitación y me quedé solo, molesto le dije a Dios: *"Primero el lupus y ahora una filtración en la médula ósea. No tengo trabajo, no tengo estudios y lo peor, no voy a tener novia, ni me casaré."* Pero al instante, rectifiqué llorando: *"Perdóname, Señor, todo es conforme a tu voluntad. Llévame, estoy cansado de luchar; ya no tengo fuerzas, ni tan siquiera ánimo. Te doy las gracias por todo lo que me has dado, por las victorias y los fracasos que he tenido."* Déjame decirte algo, a Dios no lo mueven las oraciones bonitas, ni las palabras hermosas; a Dios lo mueves cuando le hablas con el corazón. La Biblia dice en el Salmo 34:18: *"Cercano está Jehová a los quebrantados de corazón; y salva a los contritos de espíritu."*

Más tarde, entró a mi habitación un amigo; tembloroso y llorando me dijo: *"Josué, de parte de Dios te digo: 'No te voy a sanar, bástate mi gracia, en tus debilidades mi poder se perfecciona.' "* Estas palabras las encuentras en 2 Corintios 12:9: *"Y me ha dicho: Bástate mi gracia; porque mi poder se perfecciona en la debilidad. Por tanto, de buena gana me gloriaré más bien en mis debilidades, para que repose sobre mí el poder de Cristo."* Mi amigo continuó diciendo: *"Eres como el profeta Jeremías, te pondrá como muro fortificado de bronce."* Buscó en la Biblia, y vimos las palabras que Dios le dice a Jeremías: *"Porque he aquí que yo te he puesto en este día como ciudad fortificada, como columna de hierro, y como muro de bronce contra toda esta tierra, contra los reyes de Judá, sus príncipes, sus sacerdotes, y el pueblo de la tierra"* (Jeremías 1:18). Al terminar, me dio un abrazo y yo comencé a llorar. Estaban con nosotros unas amigas a quienes llamábamos "las amigas de Levittown". Estuvieron conmigo más de dos horas, compartiendo y animándome. Pero lo más importante era reconocer que yo estaba en la noticia de Dios; como dice la Biblia en el libro de Job: *"Tendrás confianza, porque hay esperanza; mirarás alrededor, y dormirás seguro"* (Job 11:18).

# Levantando alas

>>> >>> >>>

*Pero los que esperan a Jehová tendrán nuevas fuerzas;*
*levantarán alas como las águilas; correrán, y no se*
*cansarán; caminarán, y no se fatigarán. Isaías 40:31*

Después de conocer las nuevas complicaciones de mi enfermedad, el peso que sentía en mi pecho se fue levantando poco a poco. Mis llantos se convirtieron en alegría y mi coraje fue cambiado por paz. Dios convirtió mis preocupaciones en confianza. Me sentí tranquilo, confiado en el Señor; preparado para enfrentar los estudios que debían realizarme. Al poco tiempo, la doctora llegó a mi habitación para explicarme el procedimiento. Todo estaba listo para realizarlo, pero ella necesitaba saber si me sentía bien, emocionalmente, para hacerlo ese mismo día. Le dije que sí. Dos días después me intervendrían, además, para sacarme unos nódulos que habían encontrado. Esa semana se me hizo larga; ya llevaba hospitalizado dos semanas.

Días después de hacerme la biopsia y operarme de los nódulos, entró a mi habitación la madre de la muchacha que había ido a visitar porque no deseaba someterse a su tratamiento. Ella quería contarme el milagro tan grande que había presenciado en su hija; el milagro de la salvación. Me contó que su hija, antes de partir con Dios, miró al techo de su habitación y le dijo sonriendo, con brillo en los ojos: *"Mamá, me vinieron a buscar, Dios me está esperando."* Su hija le tomó de la mano para despedirse y añadió: *"Bendición, Mamá, nos vemos en breve; Cristo me vino a buscar."* La señora me dijo llorando que nunca había visto a su hija tan contenta, desde que permitió que Jesús entrara en su corazón. No había dolor que le quitara ese gozo; aún el día de su muerte estuvo feliz, porque Jesús la vino a buscar.

La madre de esa joven estaba convencida de que lo que Dios había hecho por su casa era una experiencia sobrenatural, pues su familia se reconcilió con Dios al enterarse de lo que había pasado. Entre lágrimas, me dio las gracias por compartir con ellos, y haber sido de bendición para su casa. Luego me dijo que deseaba orar por mí. Al terminar de orar, entró a la habitación uno de los capellanes del hospital. Ella lo miró y le dijo: *"Este es el joven del cual les hablé, el que conversó con mi hija, y después ella aceptó al Señor."* El capellán le pidió permiso a mi madre para sentarse con nosotros. Le explicó que quería conocerme, porque todo el mundo le hablaba de mí en el hospital, y de las grandes cosas que pasaban siempre a nuestro alrededor. Le contesté que, en primer lugar, debía decirle que no soy yo, sino Dios, quien hace las obras, y la gloria y la honra son para Él. Yo no soy nadie, soy un simple siervo de Dios, y Él no comparte su gloria. Además, siervos inútiles somos.

El capellán me dijo lo siguiente: *"Jovencito, deseo venir más a menudo a hablar contigo, porque llevo tiempo deseando lo que tú tienes."* Yo le respondí: *"No tiene que esperar a mañana; siéntese, que de aquí no me voy por un buen rato."* Me preguntó si me encontraba bien de salud para hablar y le dije que sí. El gozo de Dios es mi fortaleza; estuvimos más de dos horas hablando. Después de cada sesión de quimioterapia, se administra un medicamento para las náuseas que provoca sueño y me empezó a hacer efecto. El capellán se levantó para marcharse, pero le dije que antes quería orar por él. Dios se glorificaba, en gran manera, en ese hospital.

La Biblia dice en el Salmo 1:3: *"Será como árbol plantado junto a corrientes de aguas, que da su fruto en su tiempo, y su hoja no cae; y todo lo que hace, prosperará."* ¿Por qué te cuento todo esto? Porque yo sé que hay procesos que nos hacen desfallecer y nuestras fuerzas se agotan. Pero, ¿sabes qué? También la palabra dice en Isaías 40:31: *"Pero los que esperan a Jehová tendrán nuevas fuerzas; levantarán alas como las águilas; correrán, y no se cansarán; caminarán, y no se fatigarán."* Si piensas que Dios te ha dejado solo en tu proceso, déjame decirte que no es así. Los procesos son necesarios; nos enseñan a ser fuertes, a ver la vida de otra manera, a valorar todas las bendiciones que Dios nos ha regalado. Mejor piensa que estás en la universidad de la vida y el profesor es Jesús, y cada proceso que enfrentas representa una prueba que debes tomar. En cada prueba o proceso deja que Dios tome el control; si a mí no me abandonó, tampoco lo hará contigo.

*La petición*

---

Todo lo que estaba pasando en mi vida valía más que las peticiones que había presentado ante Dios. Dos días antes de que me dieran de alta, entraron a mi habitación dos amigas de la iglesia; una de ellas era Mónica. La visita me sorprendió, especialmente la de Mónica. En la iglesia nos saludábamos de lejos, pero no éramos amigos. Lo que sí admiraba de ella era la relación que tenía con Dios. Les pregunté si irían al retiro de líderes que tendría la iglesia en esos días, y ellas me dijeron que pensaban asistir. Era probable que me dieran de alta ese fin de semana. Sugerí que nos fuéramos juntos, ya que no sabía llegar al lugar del retiro. Acordé con Mónica que la llamaría luego, para dejarle saber si podría asistir a la actividad. De hecho, el día que me dieron de alta la llamé y acordamos encontrarnos para ir juntos al retiro, pero en carros separados.

Ya para ese tiempo, Dios me había regalado el trabajo que necesitaba y la posibilidad de retomar mis estudios. Mi nuevo empleo era en una agencia de gobierno en Bayamón. Tenía excelentes compañeros de trabajo de los cuales aprendí mucho. En esos días recibí una carta de la universidad, notificando que podía seguir estudiando. Tenía que esperar los resultados de la biopsia, porque de ello dependía si podría continuar mis estudios. Si salía positivo a problemas de médula, el tratamiento aumentaría y tendría que pasar más tiempo hospitalizado. No podría estudiar, ni trabajar. Como yo confiaba en las promesas que Dios me había hecho, no me preocupé. Esa semana le pedí a Dios que si me daban de alta, me hablara y me dejara saber sus propósitos para mi vida. Me dieron de alta ese fin de semana; los resultados se iban a tardar un poco, pero ya estaba mejor. Antes de irme, tomé la dosis de quimioterapia que me faltaba. Les pregunté a mis médicos si podía ir al retiro y ellos me autorizaron; no había problema, todo estaba en orden. Esa noche, cuando llegué a mi casa, también hablé con mis padres; me dijeron que fuera al retiro, pero que les llamara inmediatamente si me sentía mal, y ellos irían a buscarme. Realmente, no sabía dónde era el lugar y llamé a Mónica para irnos juntos, como habíamos acordado. Nos encontramos ese sábado y partimos juntos a la actividad, aunque en autos diferentes. Los líderes de la iglesia vinieron a abrazarme en cuanto me vieron llegar; en todo momento estuvieron pendientes de mí. Después llegó la pastora; me saludó con un fuerte abrazo y me dijo: *"Hijo, ¿cómo te sientes? Hablé con tus padres; cuando se acabe el culto te vas a descansar".* Me volvió a abrazar y me dijo que le hacía falta mi presencia en la iglesia, y que no dejaba de orar por mí. Fue un culto glorioso. Al finalizar las actividades del día, regresé a mi casa a descansar. En realidad, deseaba volver al retiro.

El último día del retiro, me arrodillé y le dije a Dios: *"Si me vas hablar, te pido que sea a mí primero, de forma audible, en profecía y en la palabra."* Al terminar la oración, se me acercó una amiga de la iglesia para decirme que necesitaba orar por mí. Ya mi espíritu sabía que Dios la había inquietado. Sabía que ella me hablaría de parte de Dios. Me dijo cosas que estaban pasando, y me habló de promesas que vería pronto cumplidas. Pero lo más impresionante que me dijo fue lo siguiente: *"Por cuanto me pediste una compañera, ya la separé para ti. Será tu ayuda para los planes que tengo contigo."* Cuando terminó el culto estaba sorprendido, asombrado, por todo lo que Dios me había comunicado ese día. La petición que le había hecho, ya me la había concedido. Mi mente se aclaró.

Esa misma tarde, cuando regresé a mi casa a descansar, recibí una llamada de la persona que menos imaginé me llamaría. ¿De quién hablo? Me refiero a Mónica. Sí, aquella joven que me visitó en el hospital, la que me dirigió al retiro. Lo más gracioso de todo esto es que ella y yo, hasta ese momento, solo habíamos compartido un saludo y desde lejos. De hecho, el desinterés era mutuo. Pero desde ese día, de la nada, comenzamos a ser amigos.

*Sea bendito tu manantial, y alégrate con la*
*mujer de tu juventud.* Proverbios 5:18

## La respuesta

A medida que nos conocíamos mejor, me daba cuenta de que Mónica tenía todo lo que yo le había pedido a Dios. Cada día que pasábamos juntos, crecía en mí un amor profundo hacia ella. Un día, en la iglesia, la pastora preguntó a los jóvenes adultos quién deseaba tener una pareja. Nos expresó que quería orar por eso. Yo respondí a su pregunta y dije, mientras oraba: *"Señor, en tu nombre recibo esa oración"*. La pastora me miró, y me dijo: *"Tranquilo, que la tuya es Mónica."* Todo el mundo se alegró y yo me reía, porque ni siquiera habíamos salido formalmente. Aún incrédulo, proseguí: *"Señor, si es ella, no la voy a llamar; que sea ella quien me llame a mí"*. Así fue; ese lunes, cuando llegué a mi casa de trabajar, escuché a mi madre decir en el teléfono: *"Espera un momento, él acaba de llegar, te lo paso ahora. Es un placer conocerte"*. Al tomar la llamada y darme cuenta de que era Mónica, puedes imaginar mi reacción. Me sentí como un niño que acaba de recibir el juguete que le pidió a Santa Claus. Desde entonces, comenzamos a vernos con más frecuencia.

Durante el tercer mes que Mónica y yo empezamos a compartir y a conocernos mejor, me invitaron a predicar en otra iglesia. Ella me acompañaría ese día. Antes de salir de la casa, mi padre me preguntó la dirección de la iglesia. Cuando Mónica y yo llegamos al lugar, no habían pasado ni dos minutos cuando mis padres entraron por la puerta. Me puse muy nervioso, y Mónica ni les cuento. Ella había visto a mi familia muchas veces en nuestra iglesia, pero no imaginaba que ellos eran, precisamente, mis padres. A ellos les había pasado lo mismo. Cuando nos vieron juntos, la cara de mi padre "valía un millón"; estaba que se reía solo. Para completar el momento, la persona que me presentó a los miembros de la iglesia, también presentó a Mónica como mi esposa. Imaginen lo nerviosos que estábamos, primero por la presencia de mis padres, y luego cuando presentaron a Mónica como mi esposa. Cuando terminó el culto, Mónica y yo nos disponíamos a salir a comer juntos. Vi que mis padres estaban conversando con ella, así que les pregunté si querían comer con nosotros; agradecieron la invitación y se excusaron. Querían que fuéramos solos.

Yo no sabía que una de las peticiones que Mónica había presentado ante Dios era agradar a mis padres, y sin duda alguna, así había sido. Esa noche mi corazón palpitaba con fuerza, porque iba a decirle a Mónica que deseaba que fuera oficialmente mi novia. Al comunicarle el deseo de mi corazón, me respondió que deseaba lo mismo; pero ella sabía que Dios me había hablado y confirmado mi petición. Ella quería esperar a que Dios también le respondiera, y por eso me dijo: *"Si Él me dice que no, la respuesta va a ser no. Yo prefiero obedecer a Dios, que seguir mis emociones."* Muy atrevido, le contesté: *"Yo sé que Dios te dará el visto bueno".*

### La última palabra

Cuando regresé a mi casa, mis padres me estaban esperando porque deseaban hablar conmigo. Comenzamos a conversar, y me preguntaron: *"¿Mónica sabe de tu condición de salud, de todas las posibles complicaciones?"* Yo les respondí: *"Ella lo sabe, y me va a acompañar a la próxima cita con mi doctora para informarse bien sobre cómo debe actuar, si se presenta una situación delicada".* Mi padre, satisfecho, me dijo: *"Si ella lo sabe y los dos están contentos, yo también lo voy a estar. Ella me agradó, y le pido a Dios que sea la mujer idónea para ti".* Mónica le había pedido a Dios otra señal, y era que sus padres me vieran con buenos ojos. Recuerdo que un sábado la recogí en su casa para ir al cumpleaños de un amigo. Cuando llegué, su padre me estaba esperando para conocerme y me pidió que me bajara del auto. Mónica estaba con su hermano, y cuando su padre me llamó, entraron a la casa y me dejaron solo con él. Se podrán imaginar cómo me sentía; simplemente, pensé: *"Bueno, Señor, todo sea en tu nombre"*. Comenzamos el interrogatorio, y finalmente me dijo: *"¿Y si ella te dice que no?"* Yo le contesté, sin dudarlo: *"Seguiremos siendo amigos; Dios será quien decida"*. Después, me estrechó la mano y terminó diciendo: *"Bienvenido a mi casa."* El hermano de Mónica y su madre se sorprendieron, pues el padre era muy celoso con sus hijas y esperaban una reacción diferente. Tengo que admitir que ese día los pies me temblaban, pero vimos la mano de Dios en todo lo que sucedió.

Para resumir la historia, el 30 de septiembre de 2002, Mónica y yo nos hicimos novios; la mujer con quien nunca me relacioné, con quien solamente hablé lo necesario, la que me visitó en el hospital y nunca imaginé me robaría el corazón. Nuestras peticiones fueron contestadas; las de ella y las mías. Los amigos de la iglesia, al enterarse de que Mónica era mi novia, estaban contentos. Todos pudieron ver que Dios cumple sus promesas. Para cerrar esta parte de la historia, los resultados de la biopsia de médula que me habían realizado resultaron negativos. Todo lo que le pedí a Dios, me lo concedió. La Biblia dice en 1 Juan 5:15: *"Y si sabemos que él nos oye en cualquiera cosa que pidamos, sabemos que tenemos las peticiones que le hayamos hecho."*

¿Por qué fui tan específico al relatar estas vivencias? Para que veas y entiendas que cuando ponemos a Dios como centro de nuestras vidas y dejamos que Él decida, podemos tener la certeza de que todo saldrá bien. No importa lo que diga la ciencia, no importa el diagnóstico que den los médicos, no importa lo que la gente comente, Dios siempre tiene la última palabra.

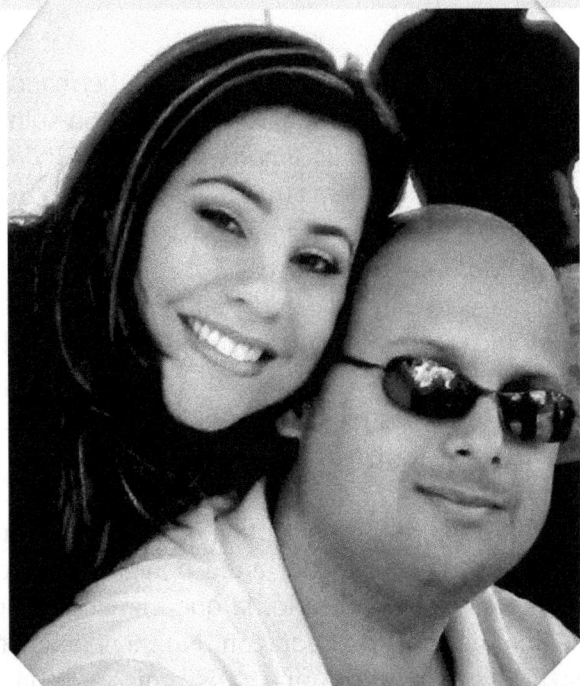

*Mónica y Josué, en los primeros años de casados.*

*La boda en familia.*

*Mónica y Josué el día de su boda.*

*Josué con las enfermeras que lo cuidaron en el hospital.*

ÁLBUM FAMILIAR

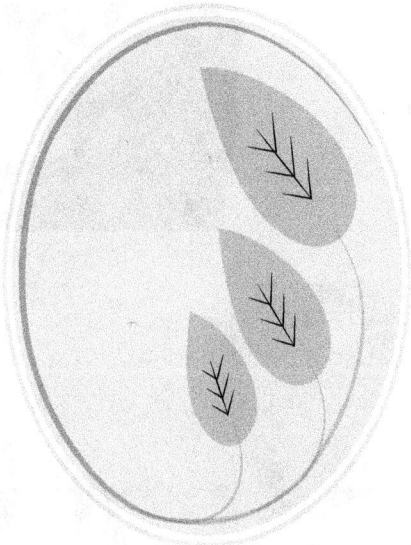

# Parte III

〉〉〉  〉〉〉  〉〉〉

*Es hermoso conocer a un Dios que siempre está presente; y lo que promete, lo cumple. Cada vez que pensaba que ya conocía a Dios, Él hacía algo más en mi vida y yo tenía que decir: "Definitivamente, no te conozco; cada día me sorprendes más". En las historias que narro en la segunda parte de este libro, me sentía como el hijo prodigo (Lucas 15:11-32). El hijo prodigo le pidió a su padre su herencia, y luego de derrocharla en placeres, decidió regresar y pedir perdón. Se conformaba con ser un simple empleado para su padre. Lo fascinante de esta historia es que cuando su padre lo vio, no le reprochó, ni lo juzgó. Lo recibió, lo besó, lo vistió, le hizo una gran fiesta y le dio lo mejor. Eso hizo Dios en mi vida; Él se olvidó de que me aparté y me limpió, me vistió, me bendijo más que la primera vez. La única diferencia es que, en esta ocasión, sabía que estaba vivo por su gracia, por su misericordia; era un favor no merecido. En lugar de desperdiciar mi tiempo y las bendiciones que me daba, aprendí a atesorarlas.*

*En esta parte de la historia quiero mostrarte un regalo que fue una bendición; claro está, después de la salvación. Esa bendición fue tan grande que sorprendió a todo el mundo, ya que nadie esperaba que yo llegaría a ese momento. Dios me tenía separada una mujer extraordinaria, con defectos como los tuyos y los míos, pero también con grandes virtudes; que por encima de mí, ama a Dios sobre todas las cosas. Ese regalo se llama Mónica Padilla, mi esposa. Nunca le importó mi condición de salud y siempre estuvo presente; una mujer que ha peleado conmigo la buena batalla. Verás como Dios moldeó nuestro carácter y nos enseñó a depender el uno del otro. En estos capítulos también escucharás la voz de Mónica; ella te contará, desde sus sentimientos y puntos de vista, algunos de los momentos que hemos vivido juntos. Esta es una historia compartida, y por eso es importante que conozcas el sentir de mi compañera en este viaje.*

*Te abriremos las puertas de nuestro hogar y verás que no somos un matrimonio perfecto, pero vamos en busca de serlo. Tenemos defectos como cualquier matrimonio; hemos reído, llorado, discutido, pero con un amor que solamente Dios puede dar. Verás, una vez más, quién es y ha sido el centro de nuestro hogar, y aunque el enemigo haya tratado de destruirlo, Dios nunca lo ha permitido. Ven, entra a mi casa. Siéntate con nosotros; queremos contarte las maravillas que Dios ha hecho en nuestra vida. Si piensas que en tu casa no hay esperanza, quiero decirte que sí la hay; te presento al Dios que restauró mi hogar. Lo mismo que hizo el Señor en mi casa, lo puede hacer en la tuya.*

# Promesa de amor

>>> >>> >>>

*El que halla esposa halla el bien,*
*y alcanza la benevolencia de Jehová.*
*Proverbios 18:22*

El 27 de octubre es el cumpleaños de mi madre, y mis hermanos y yo le preparamos una fiesta. Lo que mis hermanos no imaginaban era que en esa fiesta verían, por primera vez y oficialmente, a Mónica. Como recordarán, mis padres ya la habían conocido en la iglesia a la que fuimos de visita, pero mis hermanos no la conocían. Ese día me sentía un poco ansioso, aunque confiado de que todo estaría bien. Mi inquietud no era por mis padres. Pensaba que mis tres hermanos iban a sentar a Mónica en la mesa de interrogación, y no quería que se sintiera incómoda. Sin embargo, no fue así. Dos cosas provocaron esto; o mis padres les "leyeron la cartilla" a mis hermanos, previamente, o Dios trabajó en sus corazones. Posiblemente, fueron ambas cosas.

Por mi parte, le había pedido a Dios que la persona que estuviera conmigo, como pareja, tuviera conciencia de mi condición de salud y la responsabilidad que conlleva. Sabía que, aunque yo no quisiera, en algún momento mis hermanos le harían preguntas a Mónica sobre el tema de mi condición. Dicho y hecho; mientras compartíamos con mis padres y hermanos, surgieron las preguntas sobre mi salud y sus posibles complicaciones. Tanto mis padres como mis hermanos estaban conscientes de que el noviazgo es, precisamente, para conocerse, pero deseaban saber la opinión de Mónica sobre un asunto que es muy importante para todos. Sin ningún temor, ella les respondió: *"Yo acepté a Josué como mi pareja, aun sabiendo de su condición; y lo acepté, no por pena, sino por la persona que es. Pero también sé que los tengo a ustedes para aprender cómo debo actuar cuando se presente alguna de sus crisis, y si es necesario, ponerle el medicamento intramuscular que necesita. Lo único que no aceptaría es que él o ustedes me oculten algo. A mí me gusta que me digan las cosas como son".* Ya se imaginarán como me sentí al escuchar estas palabras, lleno de orgullo y emoción. Mónica había llegado para quedarse. Ese fue el comienzo de una historia compartida entre nosotros, como pareja, junto a nuestras familias; y ahora queremos compartirla contigo.

---

### Mónica cuenta su historia: "Un noviazgo perfecto"

*Recuerdo que todo comenzó un lunes en la noche. Me encontraba en el estacionamiento de la iglesia, acababa de llegar y Josué se me acercó. Esperó a que me bajara del auto, y me acompañó hasta la puerta de la iglesia. Me pareció muy extraño su comportamiento; todavía no podía imaginar lo que Dios estaba planificando para nuestras vidas. Josué fue hospitalizado en esos días y una amiga me dijo que fuéramos a visitarlo. En el hospital, Josué me preguntó si iba a asistir al retiro que estaba organizando la iglesia. Quería que nos encontráramos para ir juntos, ya que él no sabía cómo llegar al lugar. Le contesté que sí, que no había problema; iríamos juntos al retiro. Llegó el día, me llamó y nos fuimos en carros separados. En el retiro estuve todo el tiempo con mis amigas y apenas conversamos. Cuando salimos del retiro, lo llamé para invitarlo al cumpleaños de un amigo de la iglesia. Cada cual llegó por su lado a la fiesta.*

*La próxima semana nos vimos en la iglesia y me invitó a salir. Saldríamos después de la boda de un amigo que teníamos en común. Yo le dije que sí; ese día fuimos a comer helado y conversamos un rato. En ese momento, no me interesaba Josué para iniciar una relación; lo quería como a un amigo. Estuvimos varios meses hablando por teléfono y saliendo como amigos. Yo oraba al Señor para que me dirigiera, ya que llevaba tiempo sola y no quería tomar decisiones equivocadas.*

En ese proceso, le dije a Dios que si Josué era el compañero que tenía para mí, debía demostrarme que realmente me amaba. No quería estar con nadie por pasar el rato; quería una relación seria y con propósito. De mi parte, le iba a hacer la vida imposible, y si era la voluntad de Dios, permanecería y lucharía por mí.

Y así fue; hice muy bien mi trabajo. Lo ignoraba al frente de la gente, no quería que nadie supiera que estábamos saliendo, hasta que estuviera segura de que él era para mí. Finalmente, el 23 de septiembre de 2002, Josué me preguntó si quería ser su novia. Le dije que iba a presentar en oración nuestra relación y que la próxima semana le contestaría. Ese domingo terminaba en la iglesia una sesión de setenta y dos horas de oración. Yo sabía que tenía que darle una contestación a Josué; fuimos al culto, salimos, me hice la desentendida y me fui. El día siguiente era el cumpleaños de uno de nuestros amigos. Fuimos al cumpleaños y cuando salimos, de camino a mi casa, Josué me volvió a preguntar. Le conteste que sí y me entregó unas flores. Ese día comenzó todo; oficialmente nos hicimos novios. Desde ese momento, Josué fue muy claro conmigo sobre su condición de salud. Me habló de todas las posibles situaciones que podíamos enfrentar, al igual que su familia. Luego, me presentó a sus médicos; ellos se entrevistaron conmigo y aclararon todas mis dudas.

Josué me visitaba casi todos los días. Cuando íbamos a la iglesia, aunque estábamos en carros separados, me acompañaba hasta mi casa. Me escribía poemas, lavaba mi carro, me acompañaba a las tiendas, era romántico, cariñoso, un excelente hijo, en fin, todo un éxito. ¡Qué más podía pedir! Como se lo pedí al Señor. Antes de tomar la decisión de casarnos, había orado a Dios para que me dirigiera, ya que no quería arrepentirme de esa decisión. Le pedía señales a Dios y todas me las contestaba. Cuando las personas se enteraron de que nos queríamos casar, varias amistades y familiares me preguntaron si estaba segura de mi decisión. Me decían que debía pensarlo bien, pues él era una persona enferma y las consecuencias que eso conlleva no serían fáciles. La decisión estaba tomada; en mi corazón entendí que Dios ya nos había bendecido.

*Anuncio de campanas*

---

Quería que Mónica supiera que lo nuestro iba en serio, y que no deseaba ocultarle nada, aunque apenas estábamos comenzando la relación. También me interesaba saber si ella estaba convencida de este noviazgo, pero si en algún momento desistía, yo lo entendería. Quizás pienses que es contradictorio reaccionar de esta manera. ¿No fue Dios quien nos habló sobre esta relación? Comprendía lo que Dios me había dicho, pero no quería más desilusiones, pues había tenido amigas que no resistían verme enfermo en un hospital. Puede parecer cruel lo que digo, pero fue así en el pasado. En realidad, lo puedo comprender; porque este tipo de enfermedad es una carga muy difícil de llevar.

Recuerdo que en una ocasión, antes de ser novio de Mónica, me visitaron en el hospital unas amigas. Esa noche se encontraron con un Josué vulnerable; un joven sin fuerzas, físicamente, aunque siempre con el mismo entusiasmo. Cuando se acabó la visita, entre bromas, ellas quisieron grabarme con su cámara de video, para enviar un mensaje a su familia y a los jóvenes de la iglesia. Al terminar de grabar el mensaje comenzaron a llorar. Me dijeron que verme en esas condiciones les afectaba, pues no podían entenderlo. Eran mis amigas y sabía que me apreciaban; pero se les hacía muy difícil verme enfermo y débil, les afectaba emocionalmente. Yo me preguntaba, en silencio, cuánto más se afectaría la persona que estuviera conmigo como pareja. Entiendo que algunas de las personas con las que compartía tenían la capacidad de asumir la realidad de mi condición, pero también sé que es una carga emocional muy fuerte.

Una de las cosas que caracteriza al lupus sistémico es que la persona puede verse bien, en apariencia, pero internamente no lo está. Esto lleva a algunos a sentir que no estoy enfermo, y luego se sorprenden cuando llega la recaída. No es fácil comprender los retos que presenta esta enfermedad. En mis oraciones, le pedía a Dios que el día que me enfermara y tuvieran que hospitalizarme, yo pudiera ver en el corazón de Mónica el deseo de continuar conmigo. Cuando mi doctora se enteró de nuestro noviazgo, lo primero que dijo fue: *"La quiero conocer"*. Me comprometí a llevarla conmigo a la próxima consulta para que la conociera, y le confirmé que ella también estaba deseosa de conocerla. Como recordarás, yo visito más de un médico. Saqué las citas para ver a las dos doctoras que me atendían, y así pudieran conocer a Mónica el mismo día. Durante las consultas, Mónica pidió que le explicaran todo lo relacionado a mi condición, y qué debía hacer en mis momentos críticos. Estuvimos todo el día en las entrevistas, y al terminar le dije a Mónica: *"Estás a tiempo para reconsiderar tu decisión; yo lo voy a entender"*. Su contestación fue: *"Esto no nos detendrá"*.

Luego pasé un tiempo en remisión, pero siempre estaba pendiente de que no surgiera una recaída. En diciembre de 2002, Mónica y yo visitamos a la pastora de nuestra iglesia en su oficina, para llevarle un presente. Escuchamos cuando la pastora le dijo a la secretaria: *"Búscame la agenda, que necesito fijar la fecha de una boda"*. Inocentemente, le pregunté: *"¿Quién se casa?"*. Ella me contestó, muy alegre: *"¡Tú te vas a casar!"*. Riéndome y pensando que era una broma, le dije: *"Falta mucho para eso todavía."* Ella me contestó: *"Créeme que no, y delante de la presencia de Dios, tu compromiso será en julio y la boda el 18 de octubre."* Yo le insistí que dejara de hacer bromas, y ella me reiteró: *"Hablo muy en serio. Lo que Dios une, escúchalo bien, no lo separará el hombre, y a ustedes dos los voy a casar yo. Les voy a dar consejería."* Le respondí con una gran carcajada, y al despedirme le dije: *"Borre eso de la agenda, que todavía falta mucho"*. La pastora se reafirmó en el tema de la boda, e insistió en que sería según había dicho. Ahí quedó todo.

Poco tiempo después, empezando el año 2003, Mónica se fue a vivir con su hermana y el esposo a un apartamento pequeño, por situaciones personales. Durante ese mes oré para que Dios dirigiera los pasos de Mónica y se arreglara la situación que estaba atravesando. En el trabajo, durante mi hora de almuerzo, le pedí a Dios que me hablara a través de su palabra. Una tarde, al abrir la Biblia, vi que estaba marcado este pasaje de Proverbios 18:22: *"El que halla esposa halla el bien, y alcanza la benevolencia de Jehová."* Pude entender que ya era el momento de tomar una decisión.

Esa tarde, después del trabajo, fui a buscar a Mónica porque deseaba hablar con ella. Ese fue el día en que le propuse matrimonio. Pensarás que fue una decisión tomada a la ligera, o que nos dejamos influenciar por lo que nos había dicho la pastora. Déjame decirte que no fue así. Yo no tenía necesidad de casarme; me sentía muy cómodo viviendo con mis padres, pero Mónica tendría que vivir sola debido a la situación que estaba enfrentando. Para ella iba a ser muy difícil; hubiera podido dejarla sola con su problema, pero no lo hice por el amor que le tengo. Cuando llegué a mi casa, mi padre estaba viendo una película. Le di la noticia y casi se ahoga con una palomita de maíz. Al enterarse mi madre, pensaba que estaba bromeando, pero pronto se dio cuenta de que hablábamos en serio. Podría haber recibido una reacción negativa de parte de mis padres por la decisión de casarnos, pero no fue así. Una vez más, Dios nos respaldó.

*Ponme como un sello sobre tu corazón, como una*
*marca sobre tu brazo; porque fuerte es como la muerte*
*el amor; duros como el Seol los celos; sus brasas, brasas*
*de fuego, fuerte llama. Las muchas aguas no podrán*
*apagar el amor, ni lo ahogarán los ríos. Cantares 8:6-7*

## La celebración

Mi hermano había terminado de construir una casa; nos la ofreció para celebrar el compromiso de boda, y pedir oficialmente la mano de Mónica. Ese sábado, cuando llegué a casa de mi hermano estaban nuestros padres y familiares, amigos y vecinos, la casa pastoral, algunas enfermeras del hospital y amistades del trabajo. En fin, no faltaba nadie. Mi padre, con mucha alegría, dijo ese día: *"Mi hijo, al cual la ciencia daba por muerto, ve cumplido lo que Dios le prometió"*. El hermano mayor de Mónica y su madre aceptaron mi proposición de matrimonio, sin titubear, cuando realicé la petición de mano. Ya era un hecho, nos casaríamos.

En esos días, tenía pendiente una cita médica; Mónica y mi madre me acompañarían. Para nuestra sorpresa, decidieron hospitalizarme. Entonces recordé lo que le había pedido a Dios; quería que me dejara ver la reacción de Mónica y el deseo de su corazón cuando me hospitalizaran. No quería que nuestros sentimientos interfirieran con la realidad. La Biblia dice en Jeremías 17:9: *"Engañoso es el corazón más que todas las cosas, y perverso; ¿quién lo conocerá?"* No le había dicho a Mónica lo que le había pedido a Dios, pero reaccionó como si lo hubiera sabido.

Ella me miró fijamente y me dijo: *"Si piensas que te voy a dejar, y voy a echarme para atrás en mi decisión de estar contigo, desde ahora te digo que no es así. Te confieso, Josué, que hubo personas que cuestionaron la firmeza de mi decisión de seguir contigo, a pesar de tu enfermedad. Mi respuesta siempre fue: 'Yo sé lo que conlleva estar con él, y nunca me ocultó su condición de salud'. A ti te amo, no por pena o lástima, o por lo que tienes o dejas de tener; te amo por tu forma de ser, por las cualidades que posees y que no voy a encontrar en otros. Ahora estoy más clara que nunca de que Dios está en este asunto."* En ese momento entendí que ella era la mujer que Él separó para mí.

Debo decir que todos los preparativos de la boda fueron costeados por nuestras familias y amistades; todos aportaron para realizar la ceremonia. El día de nuestro compromiso había mucha gente; pero en la boda eran aún más. Estaban todas las personas importantes para nosotros, y todos pudieron ver el milagro de Dios en mí, al lograr casarme a pesar de todos los obstáculos. Una vez más, le dije a mi condición lo que la Biblia dice en 1 Corintios 15:55: *"¿Dónde está, oh muerte, tu aguijón? ¿Dónde, oh sepulcro, tu victoria?"*

### Mónica narra nuestra unión: "Una boda milagrosa"

Me quedó muy claro que Dios estaba en el asunto; pues unos meses antes de casarme, mis padres se separaron, me quedé sin trabajo, y por situaciones personales me fui a vivir con mi hermana. El lugar donde vivíamos era muy pequeño, y Josué, preocupado por la situación, me dijo que adelantáramos la boda. Pensamos entonces hacer algo sencillo, pero no había espacio en la agenda de la iglesia. Sucedió algo muy curioso; meses antes, la pastora nos había dicho: "Ustedes se van a casar el 18 de octubre". Sorprendida con el comentario, yo le contesté: "Eso es muy pronto". Sin embargo, ella apuntó la fecha en la agenda de la iglesia de todas formas. Después de un tiempo, olvidé completamente el comentario de la pastora; nosotros no recordábamos que esa fecha estaba anotada en el calendario.

Cuando verificamos con las secretarias de la iglesia, buscando una fecha para la boda, se dieron cuenta de que teníamos ya la fecha separada y pudimos comenzar los trámites. La familia de Josué nos preparó una fiesta de compromiso; asistieron mis pastores y todas mis amistades. Había, aproximadamente, unas cien personas; fue tan bonita la fiesta que parecía una boda. Y aunque yo estaba sin trabajo y preocupada sobre cómo pagaría los gastos, Dios nos suplió todo lo que necesitábamos para la boda y la casa. Nuestras amistades y los amigos de la iglesia se desbordaron en regalos y dinero.

Por fin, llegó el momento esperado; Josué y yo nos casamos. Debo reconocer que la etapa del noviazgo fue uno de los mejores años de mi vida. Se cumplió la promesa que Dios me hizo de que no me preocupara por nada, porque Él era mi padre; que pidiera lo que quisiera, porque Él lo supliría todo. Y así fue; semanas después de nuestra boda, seguían llegando obsequios para nosotros. En fin, se cumplió su palabra cuando dice que no hay justo desamparado, ni su simiente que mendigue pan. Dios cumplió lo que prometió.

*Nos casamos y al principio todo era ideal. Nos enlazamos con las palabras que salen de nuestra boca, y yo le había dicho a Dios que iba a estar con él en las buenas y en las malas. Aparte de eso, mi suegra me decía: "Tú compraste a Josué en 'clearance', en 'liquidación', y no hay devolución." Esta era una broma que encerraba el gran reto de su condición; lo que sería un desafío constante ante la enfermedad. Ahora, yo también formaba parte de esa historia.*

CAPÍTULO 12

# Los cimientos del hogar

》》》 》》》 》》》

*Porque nadie puede poner otro fundamento que el que está*
*puesto, el cual es Jesucristo. 1 Corintios 3:11*

Finalmente, me casé; entre llantos de gozo y alegría, todos se dieron cuenta de que le sirvo a un Dios que tiene la última palabra. La época de los milagros no ha pasado; mi vida es una muestra clara. Mi consejo a las parejas que se casan es que nunca teman decir su realidad, sea un divorcio o una enfermedad. Habla con tu pareja el más mínimo detalle, no dejes nada al descubierto. Si necesitas un apoyo, en muchas iglesias como la mía imparten charlas prematrimoniales, que son excelentes herramientas para que tengas un mejor conocimiento de la decisión tan importante que vas a tomar. Verás a través de esta historia que hemos pasado por las mismas crisis matrimoniales de cualquier otra pareja. Pero a pesar de la crisis, nunca nos permitimos llegar al punto de faltarnos el respeto. El aspecto más fuerte en nuestra vida de pareja nos tocó en el área económica.

En Mateo 7: 24-27, la Biblia habla de *los dos cimientos: "Cualquiera, pues, que me oye estas palabras, y las hace, le compararé a un hombre prudente, que edificó su casa sobre la roca. Descendió lluvia, y vinieron ríos, y soplaron vientos, y golpearon contra aquella casa; y no cayó, porque estaba fundada sobre la roca. Pero a cualquiera que me oye estas palabras y no las hace, lo compararé a un hombre insensato, que edificó su casa sobre la arena; y descendió lluvia, y vinieron ríos, y soplaron vientos, y dieron con ímpetu contra aquella casa; y cayó, y fue grande su ruina."* Al finalizar el capítulo sabrás cuáles fueron los cimientos donde construí mi hogar. Durante el primer año de matrimonio estábamos todavía de luna de miel. Vivíamos alquilados, pero estábamos bien; no me enfermaba y tenía un buen trabajo. Podía llevar la carga del hogar, sin ningún problema. Ese año, en Puerto Rico, el gobierno estaba dando ayudas a las parejas que deseaban comprar su residencia, y nos dimos a la tarea de buscar una casa.

Recuerdo que habíamos visto una que nos gustaba y empezamos a hacer los ajustes necesarios para adquirirla. Deseábamos reunir una buena cantidad de dinero para abonar al pronto. Un día, después de ver la casa, me senté con Mónica a planificar lo que íbamos a hacer y le dije: *"Guardemos todo en la casa de tus padres y nos vamos a vivir con los míos en lo que se dan los trámites de la casa."* Recuerdo que ella me contestó: *"Vamos a esperar este mes a ver qué ocurre, pero los dos tenemos algo en común y no es muy bueno, y es que somos muy impacientes, como niños a quienes les dicen 'mañana te doy un regalo' y responden 'no, dámelo ahora'. Tengo que admitir que así somos."*

Cuando comenzamos los trámites para la compra de la casa, recogimos nuestras cosas para guardarlas, en lo que comprábamos la propiedad. El mismo día en que nos íbamos a mudar a la casa de mis padres, me comenzó un fuerte dolor en los riñones. Mi esposa llamó a mis padres para avisarles y ellos vinieron para llevarme al hospital. Tenía piedras en los riñones, y por mi condición de salud se agravaban los síntomas. Esto complicaba aún más nuestra situación, que era ya difícil; pero pronto sería peor, debido a otras circunstancias que tendríamos que enfrentar.

Durante esa semana, sorpresivamente, la persona con quien estábamos realizando la transacción para la compra de la casa llamó a mi esposa para decirle que el precio sería mayor. Era más de lo que podíamos pagar. Por tal motivo, le dijimos que no compraríamos la casa. Al mismo tiempo, mi esposa decidió renunciar a su trabajo. En una semana, todo lo que teníamos planificado se derrumbó y la ansiedad por tener nuestra propia casa se duplicó. Pensábamos vivir en casa de mis padres por dos meses y terminamos quedándonos nueve meses. El dinero que teníamos guardado para el pronto de la casa lo tuvimos que utilizar para cubrir otros gastos, incluyendo el alquiler de un apartamento, porque el plazo para los fondos de ayuda del gobierno había vencido. Todo sería en el tiempo de Dios y era evidente que ese no era el momento.

*En el amor no hay temor, sino que el perfecto amor echa fuera el temor, porque el temor lleva en sí castigo. De donde el que teme, no ha sido perfeccionado en el amor.* 1 Juan 4:18

## El tiempo de Dios

El segundo año de matrimonio fue difícil. Aunque mis padres nunca nos quisieron cobrar por vivir en su casa, sentíamos que no teníamos un espacio propio y eso nos creaba incomodidad. El mayor error era no conversar al respecto, y lo más mínimo que sucediera entre nosotros nos causaba molestia. Durante esos meses, Mónica me comunicó que deseaba ir a un viaje misionero. Al principio, me sentí molesto y le dije que no fuera al viaje, pero enseguida me di cuenta de que no soy yo quien dirige sus pasos, sino Dios. Luego, ella me dijo: *"Voy a ir al viaje, aunque no lo entiendas, y sé que cuando regrese Dios va a hacer algo con nuestra situación".* Mónica fue al viaje misionero y a su regreso, sí hubo noticias.

Cuando Mónica regresó del viaje, me comunicó que una amiga nuestra, una gran persona, tenía disponible un apartamento para alquiler. Todavía dudando, le dije: *"Déjame pensarlo".* Pero Mónica, muy segura de que la decisión era la correcta, me contestó: *"Nos empezamos a mudar mañana".* ¿Piensas que se me hizo fácil mudarme? Pues debo decir que no. Estábamos viviendo con mis padres y yo entendía que no nos faltaba nada. Pero parecía que lo había dicho en voz alta o que el mismo Espíritu de Dios se lo dijo a mi padre, pues de repente me dijo: *"Josué, te falta algo que yo no te puedo dar y eso es tu privacidad; porque aunque estén separados de nosotros, están bajo el mismo techo. Además, el que se casa, para su casa".* Aunque en un primer momento me causaron molestia sus palabras, sabía que mi padre tenía razón.

Después de mudarnos al apartamento, las cosas comenzaron a enderezarse. Ese año, Mónica y yo tomamos consejería pastoral por una simple razón; debíamos aprender a comunicarnos mejor. Mis padres también nos ayudaron mucho en el proceso de adaptación, y logramos sobrepasar las situaciones difíciles de la primera etapa de nuestro matrimonio. Fueron muchos los retos del comienzo. Recuerdo que al mudarnos de la casa de mis padres comenzaron a molestarme nuevamente los cálculos renales, y hubo momentos en que el dolor era insoportable. Cuando fui a una revisión, el médico me dijo que debían operarme.

Llegó el día de la intervención y la mañana siguiente, después de la operación, tuve fuertes dolores de cabeza; tan fuertes que no podía sostenerme sobre mis pies. Mi madre me llevó a la oficina de la doctora y estando allí, me desplomé. La doctora me ayudó a levantarme y le dijo a mi madre que me llevara a la Sala de Emergencias. Nos dijeron que podía ser migraña, me dieron unos medicamentos y me enviaron para la casa. Pero los dolores continuaron y la doctora nos recomendó consultar a la reumatóloga y al neurólogo, pues no estaba conforme con el diagnóstico. Cada día me sentía peor. Sentía que el mismo infierno se levantaba contra mí y mi casa.

Visitamos al neurólogo y nos explicó que los dolores de cabeza eran a causa de la anestesia. Al despertarme antes de tiempo, mi cuerpo se esforzó y esto causó que el líquido de la anestesia espinal saliera del orificio, causando los dolores de cabeza. Los dolores eran tan fuertes que no podía levantarme de la cama y estuve casi dos meses sin poder trabajar. Me sentía molesto, ansioso e impotente. Sentía que daba un paso hacia adelante y diez para atrás, que mis cimientos se estremecían. Estábamos intentando sacar hacia adelante nuestro matrimonio, cuando de repente volví a enfermarme. Para colmo de males, trataron de robarme el auto y a causa de esto, decidimos mudarnos del apartamento a una casa más grande. Estaba cansado de la situación y le preguntaba a Dios: *"¿Hasta cuándo?"* Años más tarde, otro neurólogo me realizó unos estudios. Le llevé los resultados de las pruebas que me habían realizado por los dolores de cabeza y se dio cuenta de que, en aquella ocasión, lo que tuve fue un pequeño derrame cerebral. Por eso, los dolores de cabeza fueron tan severos. Una vez más, vi el poder de Dios a mi favor.

### *Tiempo de misiones*

Si algo tenemos en común Mónica y yo es que, cuando queremos algo, luchamos incansablemente hasta conseguirlo. Por eso y porque realmente nos amamos, pasamos la página y seguimos hacia adelante. Ese mismo año, mi esposa realizó dos viajes misioneros. Durante el último viaje de ese año, dos compañeros de mi trabajo comenzaron a llevarles comida a los deambulantes de la zona. Un día, mientras mi esposa estaba en otro país con el grupo de la iglesia y los pastores, fui con mis compañeros a comprar comida para los deambulantes. Fue la mejor experiencia que pude tener. Es una gran satisfacción compartir con otros las maravillas que Dios ha hecho con nosotros; especialmente en mi caso, pues he podido sobrepasar muchos retos.

En una ocasión, uno de mis compañeros de trabajo me comentó: *"Oye Josué, me gustó la frase que le dijiste a uno de los deambulantes"*. Yo le dije: *"¿Cuál frase?"* Entonces, repitió la frase que me había escuchado decir: *"Nadie te ama como te ama el Señor"*. Mi amigo me explicó que esa frase le había impactado. Pero mientras hablaba, otra persona que nos estaba escuchando se unió a la conversación y me preguntó: *"¿Dios te ama más que tu esposa?"* Yo le contesté que sí, que su amor no tiene límites. Además, ¿cómo puedo amar a alguien si no amo a Dios? ¿Cómo puedo amar a Dios y no amar a mi esposa? Finalmente, le dije: *"Recuerda que Dios es amor"*. Algunos días después, uno de mis amigos me llamó para decirme que la mamá de otro compañero nuestro se encontraba muy enferma, y me pidió que lo llamara. Cuando llamé a nuestro amigo para saber de su madre, me dijo: *"Las mismas palabras que les dijiste aquel día a los deambulantes, yo se las dije a mi madre, y al terminar de orar, ella comenzó a llorar. Josué, el semblante de mi madre cambió y aceptó a Jesús como su salvador."* Esa fue una de las alegrías más grandes para mí; ver la experiencia que mi amigo había tenido con su madre.

Ese año comencé a enfermarme con más frecuencia, pero mi matrimonio se fortalecía cada vez más. En septiembre de 2006 tuve que pedir una licencia por enfermedad, ya que había recaído con más cálculos renales. Un fin de semana, mi esposa y yo fuimos con mis padres a un concesionario de autos, porque mi padre deseaba comprarse un automóvil. Al llegar, se me ocurrió caminar por el lote de autos y me gustó uno. Mi esposa me dice: *"Está bonito"*; y yo añadí: *"Me gustaría llevármelo"*. Ella me miró sorprendida y me dijo: *"Josué, primero es la casa"*. Muy seguro de que Dios nos iba a abrir el camino, le contesté: *"Si Dios me da la guagua, también nos dará la casa"*. Mónica, claramente preocupada, me advirtió": *"¿Estás seguro de lo que vas a hacer?"* Sí, estaba seguro; y así lo hicimos, compramos el auto. Luego, Mónica estableció el próximo paso: *"Ahora, vamos a ver casas"*. Como ya se lo había prometido, le dije que sí.

*Nuestra casa*

---

Para mí era importante ir a la iglesia y dar gracias a Dios por el auto que habíamos comprado. Sé que lo podría haber hecho en mi casa, pero yo deseaba ir a la iglesia a dar gracias. Cuando llegamos a la iglesia, nos dimos cuenta de que la pastora estaba en su oficina. Entramos para saludarla y nos preguntó: *"¿Qué hacen por ahí?"* Le dije: *"Venimos a dar gracias a Dios por el auto que me regaló."* Nos sorprendimos cuando ella nos habló de la compra de la casa: *"Conocí a unas personas de una institución financiera; les conté de ustedes y desean trabajar su caso"*. Mónica le pidió el número de teléfono para llamar; había planificado comenzar esa semana a buscar la casa. Mientras todo esto sucedía, yo seguía fuera del trabajo con una licencia por enfermedad, pero sabíamos que si Dios nos había dado el auto, también nos daría la casa. Al terminar de darle a Mónica los datos, la pastora nos dijo que ese era el tiempo en el cual Dios nos habría de sorprender.

Esa misma semana, Mónica había visto una propiedad. De momento, sentí temor y quise detener el proceso de búsqueda de casa; pero rápidamente, rectifiqué. Me dije a mí mismo que se lo había prometido a Mónica y debíamos seguir hacia adelante. Además, ese era el año en el cual Dios nos iba a bendecir. No me pregunten cómo, pero un mes después estábamos firmando las escrituras del hogar que compramos. El día que firmamos las escrituras, salimos del banco y nos fuimos al apartamento; lo primero que hicimos fue arrodillarnos y entregarle a Dios nuestra casa. Para mí era sumamente importante entregarle mi casa al Señor, y decirle que Él sería siempre el centro de mi hogar. ¿Cómo puedo ser un buen mayordomo de lo que Él me está entregando, si no es Dios el centro de todo?

# Sabiduría que edifica

>>> >>> >>>

*Bienaventurados tus hombres, dichosos estos
tus siervos, que están continuamente
delante de ti, y oyen tu sabiduría. 1 Reyes 10:8*

Si algo tengo que admirar de mi esposa Mónica es que todo lo lleva a números; y aunque a veces eso me desespera, al final veo los resultados. Mónica todo lo planifica, no improvisa, todo tiene que estar en una lista. Si no fuese por eso, no te podría contar esta parte de la historia. En el año 2008 comencé a tener problemas de salud, una vez más, y a faltar con más frecuencia a mi trabajo. Mónica sospechaba que pronto tendría una recaída. Ante la sospecha, decidió reunirse con los médicos para saber su opinión; ellos le confirmaron que la situación, sin duda, iba a empeorar. Además del lupus, había que sumar a mi condición general los cálculos renales y la aparición de abscesos en el cuerpo. La situación se agravó a tal punto que la misma semana que compramos la casa, me tuvieron que hospitalizar porque tenía muy elevados los glóbulos blancos y estaba expulsando piedras de los riñones.

Mónica comenzó a hacer un presupuesto para lo que llamamos en Puerto Rico "las vacas flacas". Para Mónica esta situación era nueva; en ese momento comenzaba a experimentar lo que los médicos y mis padres le habían advertido antes de casarnos. Le habían dicho que mi condición de salud era impredecible y a veces puede ser como una bomba de tiempo; pueden surgir situaciones inesperadas. Mónica fue al hospital a cuidarme y en un momento me dijo: *"Estoy pensando seriamente que debes solicitar la ayuda del seguro social."* Una de las razones que me señaló era que faltaba más de lo que trabajaba, pues a cada rato la llamaba para que me recogiera en el trabajo y me llevara al hospital, y eso también le estaba afectando en su empleo. El estrés agravaba mi condición de salud y vivíamos en tensión constante, ambos faltando a nuestros trabajos, entre otras cosas. Quizás pienses que la idea de solicitar el seguro social me pareció bien desde el principio; pero no fue así, me costó trabajo aceptarlo.

El día que me iban a dar de alta, la doctora habló conmigo. Me indicó que la idea de Mónica de solicitar la ayuda del seguro social era viable, y que ella se encargaría de llenar los documentos necesarios, junto a los otros médicos que atendían mi caso. Al llegar a nuestra casa, en lugar de acostarme a dormir, me di un baño y me dirigí hacia la iglesia. Cuando las pastoras me vieron llegar, me pidieron que me quedara un rato después del culto, para conversar conmigo. Hacía más de dos meses que no asistía a la iglesia, por causa de mi salud. Al finalizar el culto, hablamos sobre el tema del seguro social. Recuerdo que la pastora me dijo: *"Estaremos orando"*.

Llegó el día de la entrevista para la solicitud del seguro social. Todo el mundo me decía que contratara abogados para realizar los trámites, pero Mónica y yo decidimos ir solos a la entrevista; no teníamos nada que ocultar. Había evidencia de sobra para comprobar mi condición de salud. Sin embargo, el primer año, nos denegaron el seguro social, y poco tiempo después de recibir la noticia, empezamos a desesperarnos. Nuestros temperamentos estaban menguando y discutíamos por cualquier cosa. En un matrimonio, el factor económico pesa mucho. Cuando uno desea que su hogar esté cimentado en la roca, hay que evitar construir la casa sobre la arena.

*Puñado de harina*

A finales de ese año, el dinero que teníamos ahorrado se había agotado y los ánimos estaban caldeados entre nosotros. Nuestro matrimonio se estaba viendo afectado por la situación que estábamos atravesando. La palabra "divorcio" rodeaba mi hogar. Fueron momentos de mucha tensión, que jamás deseamos volver a vivir. Para mí no era fácil depender únicamente de mi esposa y en realidad, no era por una actitud machista. Sabía que sería difícil para ella llevar la carga de la casa y todos nuestros gastos. En ese momento, le dije a Dios lo siguiente: *"Señor, no me importa lo que diga Mónica; si no me aprueban el seguro social esta semana tendré que regresar al trabajo"*. Decidí hablar con el gerente de la compañía para la cual trabajaba; quería regresar a mi puesto de trabajo. Cuando salí de la reunión, empecé a sentirme mal y fui a ver al médico. Al terminar la revisión, el médico me dijo: *"Tengo que operarte otra vez"*.

La situación se puso más tensa entre Mónica y yo, porque el dinero que nos quedaba era poco; estábamos en el punto límite. Me sentía como Elías y la viuda de Sarepta. Habla la Biblia en 1 Reyes 17:10 -12, que Dios levanta al profeta para que vaya a Sarepta y se encuentra con una mujer y su hijo. Él, con hambre, le pide de comer y la mujer angustiada le contesta: *"Vive Jehová tu Dios, que no tengo pan cocido; solamente un puñado de harina tengo en la tinaja y un poco de aceite en una vasija; y ahora recogía dos leños, para entrar y prepararlo para mí y para mi hijo, para que lo comamos y nos dejemos morir."*

Yo no estaba viudo, pero sí me sentía desesperado, porque ya no teníamos dinero para el próximo mes. Nuestros padres nos ayudaban, pero no podíamos seguir dependiendo de su ayuda. Habíamos vendido todo lo que teníamos, excepto las cosas esenciales. Ya no nos quedaba nada, pero pensé: *"Me opero, saldré bien, y la semana siguiente empiezo otra vez"*. Saliendo de la operación, me enfermé nuevamente y tuve que permanecer en el hospital durante varias semanas. El médico les dijo a mis padres que no me veía bien; estaba preocupado, ya que no observaba mejoría. Tomé el teléfono y con el corazón angustiado, llamé al gerente de la compañía para informarle que no podría regresar a trabajar. Él aceptó la renuncia, se despidió y me aseguró que las puertas estarían abiertas si decidía regresar. Pero mi corazón sabía que no podría volver al trabajo. Al día siguiente comencé a mejorar y me dieron de alta, con la advertencia de que debía seguir el tratamiento en mi hogar.

Terminé el tratamiento, pero tuve otra recaída y Mónica llamó al médico para informarle que había empeorado. El urólogo le dijo que me llevara de emergencia al hospital; físicamente, no me podía sostener. Al entrar a la Sala de Emergencias, me pasaron rápidamente para revisión. Mientras me atendían, escuché a Mónica llorando y hablando con mis padres por teléfono. Una hora más tarde, llegaron mis padres. Mi madre buscó a Mónica en cuanto llegó para relevarla y darle apoyo, porque al igual que yo, estaba como la viuda, desesperada; ya no teníamos nada. En eso, Mónica recibió una llamada y se fue a las afueras del hospital para hablar por teléfono; mis padres se quedaron conmigo.

*Por tanto, tomad toda la armadura de Dios, para que podáis resistir en el día malo, y habiendo acabado todo, estar firmes.*
*Efesios 6:13*

## Armadura de Dios

En la camilla de al lado estaba un joven con su esposa y comenzaron a hablar con mi madre. Escuchando la conversación, me percaté de que él estaba en la misma situación que yo. Escuché cómo le decía a su esposa, llorando: *"Siento que Dios se olvidó de mí; ya no tengo ni dinero para gasolina. Aparte de eso, no tengo a nadie, me siento solo, estoy solo con mi esposa."* Mi madre lo miró y le preguntó: *"¿Vas a alguna iglesia?"* Él le contestó: *"Soy diácono en una iglesia evangélica".* Inmediatamente, pensé: *"Que a mi madre no se le ocurra decirme que le dé un consejo, y que tampoco se le ocurra decirle que yo también soy diácono".* Acto seguido, la escucho decir: *"Mi hijo es diácono, también somos evangélicos y vamos a orar por ustedes."* Para mis adentros pensé, suspirando: *"Chévere, a buen santo se encomienda".* Mi padre llegó con un refresco en la mano y trató de levantarme; pero mi madre intervino, me miró y dijo: *"Josué, el joven es diácono en su iglesia y está pasando por un momento difícil".*

Quizás ustedes esperarían una salida diplomática de mi parte, algo como: *"No te preocupes, Dios va estar contigo"*. Pero no, lo primero que le dije fue: *"Muy bien, bienvenido a mi mundo. ¿Creías que el enemigo no te declararía la guerra por decidir que ibas a trabajar para Dios? Al contrario, ponte la armadura de Dios, como dice la Biblia en Efesios 6:10-11: 'Por lo demás, hermanos míos, fortaleceos en el Señor y en el poder de su fuerza. Vestíos de toda la armadura de Dios, para que podáis estar firmes contra las asechanzas del diablo'."* Aquel hombre, llorando, reconoció que su armadura estaba desgastada y oramos por él. ¿Qué pasó con él después? No lo sé; lo que sí sé es que su rostro de tristeza cambió, su semblante tomó brillo y yo sabía que Dios había hecho la obra en él.

Esa noche me subieron a la habitación, muy delicado de salud. Mónica estaba angustiada; realmente, no imaginaba la magnitud de mis recaídas hasta ese día. Antes de que se fuera con mis padres para la casa, le pregunté quién la había llamado; me dijo que había recibido una llamada muy importante. Después de que Mónica se fue del hospital, cerré mis ojos para hablar con Dios y le dije las mismas palabras que le dijo la viuda al profeta Elías. De repente, la oración cambió y le hablé a Dios como dijo el profeta Habacuc: *"Aunque la higuera no florezca, ni en las vides haya frutos, aunque falte el producto del olivo, y los labrados no den mantenimiento, y las ovejas sean quitadas de la majada y no haya vacas en los corrales, con todo, yo me alegraré en Jehová, y me gozaré en el Dios de mi salvación. Jehová, el Señor, es mi fortaleza, el cual hace mis pies como de ciervas, y en mis alturas me hace andar"* (Habacuc 3:17-19). Aún enfermo, no dejaba de decirle a Dios cómo me sentía, pero también le decía como el profeta Habacuc.

Cuando el doctor fue a verme, observó que seguía sin mejoría. Se acercó a Mónica y a mis padres, y les dijo: *"No sé qué más hacer, necesito que Dios intervenga"*. Mirándolo a los ojos, yo le respondí: *"Hasta hoy esta bacteria aqueja mi vida. Sea que yo viva o muera, a Dios pertenezco; si me sana es para su gloria y usted verá al Dios al cual está clamando"*. Al día siguiente, la fiebre comenzó a bajar y mi cuerpo a reaccionar. Los riñones comenzaron a funcionar, mientras la infección iba cediendo. Cuando el doctor llegó a la habitación, me encontró comiendo con apetito y me dijo: *"Si estás comiendo, quiere decir que estás bien."* Definitivamente, Dios es real. Pero ahí no termina todo.

El profeta Elías le dice a la viuda: *"No tengas temor, ve y haz como has dicho; pero hazme a mí primero de ello una pequeña torta cocida debajo de la ceniza, y tráemela; y después harás para ti y para tu hijo. Porque Jehová Dios de Israel ha dicho así: 'La harina de la tinaja no escaseará, ni el aceite de la vasija disminuirá, hasta el día en que Jehová haga llover sobre la faz de la tierra'"* (1 Reyes 17:13,14). Esa palabra la atesoré en mi corazón, aunque mis ojos carnales estuvieran viendo otra cosa. ¿Cómo termina la historia de la viuda? Dice la Biblia: *"Entonces ella fue e hizo como le dijo Elías; y comió él, y ella, y su casa, muchos días. Y la harina de la tinaja no escaseó, ni el aceite de la vasija menguó, conforme a la palabra que Jehová había dicho por Elías"* (1 Reyes 17:15,16). Así como a la viuda, Dios me bendijo. El día que regresé del hospital, mi esposa estaba trabajando y fui a buscar el correo. Había una carta; adentro había un cheque. Muy contento, llamé a Mónica y a mi familia; mejor dicho, llamé a todo el mundo. En ese momento, recibí la llamada de la pastora de la iglesia y de entrada me preguntó: *"¿Qué piensas del Dios al cual le sirves?"* Llorando, le contesté que Él es real y que sus promesas llegan a tiempo.

*Pacientemente esperé a Jehová, y se inclinó a mí, y oyó mi clamor. Y me hizo sacar del pozo de la desesperación, del lodo cenagoso; puso mis pies sobre peña, y enderezó mis pasos. Puso luego en mi boca cántico nuevo, alabanza a nuestro Dios. Verán esto muchos, y temerán, y confiarán en Jehová. Bienaventurado el hombre que puso en Jehová su confianza, y no mira a los soberbios, ni a los que se desvían tras la mentira. Has aumentado, oh Jehová Dios mío, tus maravillas; y tus pensamientos para con nosotros, no es posible contarlos ante ti. Si yo anunciare y hablare de ellos, no pueden ser enumerados. Salmo 40:1-5*

### Los retos de Mónica: "El desafío de la enfermedad"

Como era de esperarse, llegó el día en que Josué comenzó a enfermarse y a cada rato teníamos que correr para el hospital. Hubo un tiempo en que faltaba más a su trabajo, de lo que asistía. La situación económica era muy inestable. A veces, yo tenía que salir del trabajo para correr al hospital cada vez que Josué se enfermaba. Fueron momentos muy difíciles. No es lo mismo llamar al peligro, que verlo venir. Ver a tu esposo al borde de la muerte, no es nada fácil. Verlo en un hospital por más de un mes, vomitando todos los días, sin comer, con un fuerte dolor a causa de las piedras y el lupus, no es un reto sencillo. Sus riñones no estaban funcionando bien, entre otras cosas, y la familia estaba muy preocupada por esta situación. Solo le pedía al Señor que nos ayudara a salir hacia adelante, que me diera fuerzas; lo único que podía hacer, en ese momento, era reclamar las promesas que Dios nos había hecho y que están en su palabra para cada uno de nosotros.

En una ocasión, Josué estuvo casi dos meses sin trabajar. Lo habían operado y la anestesia le causó un dolor de cabeza tan fuerte que se estaba volviendo loco. Al pasar los años, nos enteramos de que había sufrido un pequeño derrame cerebral. La situación se había agravado tanto que era insoportable. Josué estaba siempre de mal humor a causa de su trabajo y de todo lo que le ocurría; y yo, por otro lado, me sentía también agobiada. Hasta que un día me senté a hablar con Josué y le dije que debía dejar de trabajar, ya que pasaba más tiempo enfermo que trabajando. Además, la tensión me estaba afectando en el trabajo. Le sugerí que solicitara el seguro social. Al principio, Josué no quería dejar de trabajar. Le dije que lo pensara. Finalmente, tomamos la decisión y solicitó el seguro social. Pero ahí comenzó otro calvario.

Estábamos apretados económicamente, pero al principio lo pudimos sobrellevar. Según fue pasando el tiempo, las cosas empezaron a complicarse y comencé a tener problemas en el trabajo. Habíamos comprado un apartamento y un auto, y el dinero no era suficiente. A veces, no teníamos para la gasolina, ni aun para comer. Josué cayó en una depresión; dormía de día, y de noche se quedaba despierto. Apenas nos comunicábamos; vivíamos peleando por todo. La situación estaba afectando nuestro matrimonio. Josué no cooperaba mucho; cuando se deprimía, no quería tomarse los medicamentos, ni ir al médico. Las tarjetas de crédito estaban en las nubes; estábamos endeudados. Teníamos problemas por todos lados.

La primera vez que solicitamos el seguro social lo denegaron y apelamos. Nuestra relación iba de mal en peor; en muchas ocasiones me iba al baño a llorar, porque no soportaba la situación. Por último, me puse a pelear con Dios; sentí que mi mundo se me caía encima. Me deprimí también y finalmente, era un ciego guiando a otro ciego. Fueron años difíciles, pero debo decirte que Dios nunca nos dejó solos; siempre estuvo ahí, velando nuestros sueños. Cuando no había nada en la alacena, Dios tocaba a alguien y suplía nuestras necesidades, y hasta nuestros antojos. Si no fuera por su misericordia, no sé dónde estaríamos nosotros.

Luego de aproximadamente un año y medio, sentimos que Dios había escuchado nuestras oraciones. Recuerdo que tenían que operar a Josué de piedras en los riñones, y antes de la operación estuve realizando unas llamadas. Esa tarde, Josué estaba en la sala de emergencias cuando recibí una llamada importante. La semana siguiente, sentimos que Dios nos vino a ver. Cuando Josué fue al buzón a recoger las cartas, encontró un cheque. Ese día, los cielos fueron abiertos. Comenzamos a llorar y le dimos gracias a Dios.

No importa lo que pueda estar aconteciendo en tu vida, tal vez te sientas cansado, deprimido, sin saber qué hacer, metido en un agujero sin poder salir; y te preguntas, ¿por qué me está sucediendo esto a mí? El mejor consejo que te puedo dar es que no tomes decisiones a la ligera, no hagas nada de lo que puedas arrepentirte; entrégale tu problema al Señor. Él se va a encargar de vendar tus heridas, suplir todo lo que te haga falta, de cambiar tu llanto en gozo, levantar tu *carga y transformar tu entorno. Recuerda que hemos sido llamados para heredar bendición.*

---

Después de ese día, todo se normalizó económicamente en nuestro hogar, y nuestro temperamento también. En esta etapa del matrimonio, Mónica entendió por experiencia propia los grandes retos que presenta mi enfermedad. Desde entonces, los hemos enfrentado juntos y Dios siempre ha estado presente entre nosotros.

CAPÍTULO 14

# El amor en la prueba

》》》 　 》》》 　 》》》

*El amor es sufrido, es benigno; el amor no tiene envidia; el amor*
*no es jactancioso, no se envanece, no hace nada indebido, no*
*busca lo suyo, no se irrita, no guarda rencor; no se goza de la*
*injusticia, sino que se goza de la verdad. Todo lo sufre, todo lo*
*cree, todo lo espera, todo lo soporta. 1 Corintios 13:4-7*

Antes de comenzar a relatar esta parte de la historia, quiero hablarte de algo sumamente esencial que debe haber en tu hogar, y eso es el amor. Dice la Biblia en 1 Corintios 13: *"Si yo hablara lenguas humanas y angélicas, y no tengo amor, vengo a ser como metal que resuena o címbalo que retiñe. Y si tuviese profecía, y entendiese todos los misterios y toda ciencia, y si tuviera toda la fe, de tal manera que trasladase los montes, y no tengo amor, nada soy. Y si repartiese todos mis bienes para dar de comer a los pobres, y si entregase mi cuerpo para ser quemado, y no tengo amor, de nada me sirve."* Si el amor no hubiera estado presente en todo momento entre nosotros, las pruebas que te relataré a continuación no hubieran podido ser enfrentadas y superadas.

En el 2012 tuve muchas recaídas; me diagnosticaron apnea del sueño y una condición llamada síncope vasovagal. Este tipo de síncope ocurre cuando se produce una reducción del flujo sanguíneo cerebral, al activarse un reflejo nervioso que disminuye la presión arterial y la frecuencia cardíaca. Como parte de los síntomas, y debido a que no llega suficiente sangre al cerebro, la persona siente mareo y puede sufrir pérdida de consciencia o desmayo. Muchas veces, la persona que sufre el síncope se desploma y cae al suelo, si no identifica a tiempo lo que le sucede.[5] Algo curioso, que me afectó en mi caso, es que el síncope puede ocurrir al reír o toser. En varias ocasiones experimenté los síntomas de esta condición, debido a episodios de risa. Esta era una condición más para añadir a mi situación de salud, que ya era delicada.

A pesar de la gravedad de mi enfermedad, no perdí el buen humor; pero mi facilidad para reír ante los problemas, sin querer fue motivo para que esta condición se manifestara. Todo comenzó haciéndole una broma a mi esposa en el auto. Comencé a reírme y cuando abrí los ojos, estaba a punto de impactar una valla de seguridad de la autopista. Eventualmente, los síntomas comenzaron a manifestarse con mayor frecuencia. En un principio, los médicos pensaron que era un problema neurológico, pero ese no era el problema. Mónica me llevó a un cardiólogo para realizarme estudios y todo salió bien. Luego, el cardiólogo me refirió a un electro-fisiólogo. Tanto Mónica como los médicos se percataron de que yo no estaba mejorando. Mi esposa comenzó a buscar información sobre hospitales en Estados Unidos que trabajan con este tipo de condiciones. En esa búsqueda, observó que en el Estado donde vive su hermana existe uno de los mejores hospitales especializados en esta enfermedad. Se le ocurrió llevarme a los Estados Unidos para obtener una segunda opinión, ya que no teníamos alternativas, y decidió consultarlo con mis médicos. Ellos respondieron positivamente a la sugerencia de Mónica; estuvieron de acuerdo con que realizáramos el viaje.

Aprovechando que pronto tendría vacaciones en su trabajo, Mónica comenzó a preparar la documentación para que el hospital evaluara mi caso. Además, realizó los trámites con el plan médico para que nos aprobara la consulta, y pudiéramos obtener una segunda opinión en los Estados Unidos. Mi esposa debía enfrentar varios obstáculos; primero, mi terquedad, pues yo no quería ir. En segundo lugar, debía contactar el hospital de Estados Unidos que tomaría el caso, y por último, lograr que el plan médico cubriera los gastos. Mónica sabía que tenía que enfrentar y vencer todos estos obstáculos para realizar el viaje. Mientras tanto, comenzó a reunir los documentos médicos y el dinero necesario para que no nos faltara nada. Un día me dijo:

*"Tenemos que hablar"*. Yo le contesté, sin pensarlo dos veces: *"Conmigo no cuentes, porque no voy para ningún lado"*. Ella no suavizó sus palabras para convencerme, ni trató de decirme que todo era para mi bien. No, al contrario; me dijo con firmeza: *"Nos vamos porque nos vamos, y te dejas de excusas. Vamos para que te revisen y punto"*. Tengo que reconocer que al principio tampoco mis padres, ni mis hermanos, estaban muy contentos con la idea, pero Dios les hizo recordar la promesa que les había hecho. Sus ojos fueron abiertos y Mónica les presentó los pasos que habríamos de seguir.

*'Yo soy tu Padre'*

---

Antes de salir hacia Ohio, un sábado por la mañana, mientras Mónica estaba recopilando documentos y hablando por teléfono con mis padres, fui a realizarme un estudio MRI y una sonografía que me solicitaron los médicos. A regañadientes, me dirigí a realizarme los estudios. Pero ese sábado, al salir de las oficinas médicas y sin decirle nada a nadie, fui al retiro de una compañera de la Junta de Gobierno de mi iglesia. Al llegar a la iglesia, me senté lo más lejos posible del grupo para que nadie me pudiera ver, pero no pude evitarlo. Acababa de sentarme, cuando me llamó al frente mi compañera de la Junta para que dijera unas palabras al grupo y dirigiera la oración. Nuevamente, pensé: *"¿Cómo voy a orar por ellos, si yo estoy en el mismo barco?"* Pero, en fe, así lo hice.

Al terminar de ministrar, se levantó de su asiento un pastor, a quien le tocaba dirigir la parte de la predica. Sin conocerme, me dijo: *"Soy yo el que va contigo, porque propósito tengo contigo en este viaje. Soy yo quien abre y cierra puertas; si yo las abro, nadie las puede cerrar y cuando las cierro, nadie las puede abrir. Yo fui quien te puse por nombre Josué; ¿no estaré a tu lado? ¿No he sido yo quien les prometió a tus padres fuerzas y conformidad? ¿Acaso te he fallado? Sal de la cueva en la que te encuentras y como el profeta Elías, a quien mandé cuervos para que le llevaran comida, así mismo estaré contigo. Porque en este viaje yo seré tu padre y no les pasará nada, porque yo estaré contigo donde quiera que vayas. Y aun viendo las fuertes olas y el mar enfurecido, yo Jehová tu Dios, como estuve con Moisés estaré contigo y pasarás como él en seco. No mires a tu derecha, ni a tu izquierda; mírame a mí, a tu Padre, a tu Dios, y nada les faltará."*

Todos en el grupo quedaron sorprendidos y me preguntaban si todo estaba bien; les contesté que sí. Me pasó prácticamente lo mismo que les sucedió a mis padres, cuando mi condición de salud empeoró en 1993. Al salir del retiro, de camino a mi casa, recibí la llamada de mis padres para pedirme que Mónica y yo pasáramos por su casa. Llegué a mi casa para buscar a Mónica, y ella me recibió con la noticia de que el hospital de Estados Unidos había llamado, informando que aceptaban mi caso. Después de decirme esto, añadió: *"Nos vamos el 23 de diciembre"*. Con la cara fruncida de coraje, solo le pude decir: *"Está bien. Vengo a buscarte porque mis padres quieren hablar con nosotros"*.

Al llegar a casa de mis padres, nos estaban esperando sentados a la mesa. Para mí, eso ya era señal de gravedad, pues en mi casa todos los problemas se discuten sentados a la mesa. Yo le llamo "la mesa de negociaciones". Ambos estaban con los ojos rojos de tanto llorar, y mi padre, con un taco en la garganta, comenzó diciendo: *"Hijo mío, tú te debes a tu esposa; y aunque nos duela en el alma la decisión que ella ha tomado, tenemos que respetarla y respaldarla. Cuando tú te enfermaste, Dios nos decía que no tuviéramos temor, pues Él estaría contigo. A esa promesa nos vamos a apegar. Es por tu bien que Mónica está haciendo esto. Y a ti, hija mía, te entregamos un pedazo nuestro y aunque nos duele que se vayan, confío en el Señor que todo saldrá bien."*

Mis padres nos pidieron que, antes de irnos, les diéramos la información del hospital, pues querían estar pendientes de todo. También nos dijeron que si era necesario que ellos fueran a Ohio, así lo harían. Mientras las lágrimas bajaban por mis mejillas, regresaba a mi mente todo lo que Dios acababa de decirme. En especial, cuando me decía: *"Yo soy tu Padre"*. En un solo día, Dios tomó el control de la situación y los obstáculos que Mónica había empezado a enfrentar, Dios los estaba removiendo. Aún así, no le conté nada a Mónica y me reservé lo que Dios me había dicho ese día. No quería darle alas para que me dijera: *"Te lo dije, no son caprichos míos"*. Todavía me resistía a la idea, aunque mi corazón sabía que ese viaje era necesario.

El domingo siguiente, nos reunimos con las pastoras de nuestra iglesia para conversar sobre la situación, y excusarnos por las dos semanas que estaríamos fuera de la iglesia. Ellas insistieron mucho en que las mantuviéramos al tanto de todo lo que sucediera en Ohio. Nos dijeron que todo estaría bien y que estarían orando por nosotros. Nadie sabía que nos íbamos, excepto mi familia y amigos cercanos. Ese lunes, cuando ya todo estaba confirmado, Mónica me dice que nuestra estadía sería desde el 23 de diciembre de 2012, hasta el 2 de enero de 2013. Aún terco y molesto, y a pesar de lo que Dios me había dicho, le contesté que serían dos semanas y punto. Luego añadí: *"No quiero hablar más del tema, o mejor dicho, de tus inventos."* Queriendo hacerme el fuerte frente a mi esposa y mostrando mi terquedad, me olvidé de todo lo que Dios me había dicho aquel sábado. Pero mi corazón y mi alma no se olvidaron; y todos los días le preguntaba a Dios: *"¿Qué quieres enseñarme en Estados Unidos que no lo puedas hacer en mi tierra? ¿Por qué tienes que llevarme a tierras lejanas?"* Esas preguntas no fueron contestadas en ese momento. Pero al pasar los días, sí hubo respuesta.

*Cimentados en la roca*

---

Fueron momentos muy difíciles para nosotros; no esperábamos que durante el viaje yo iba a recaer. Al llegar a Ohio, tuvieron que hospitalizarme de emergencia durante una semana para analizar las funciones del cerebro y la causa de los síncopes. Recuerdo que en el hospital, los médicos lograron identificar que sufría episodios de desmayos cuando me reía y comenzaron a monitorearme las 24 horas del día. Me pusieron chupones en la cabeza, tratando de encontrar el origen de los desmayos, pero no encontraban la causa. En una ocasión, llegaron aproximadamente siete médicos de distintas nacionalidades a discutir con mi esposa lo que estaba sucediendo. Estaban asombrados por lo que me ocurría; pensaban que era epilepsia, pero no estaban seguros. Ellos entendían que era una condición neurológica o cardíaca que no podían detectar. Me sentía como un ratón de laboratorio. Recuerdo el día en que mi esposa, con voz quebrantada, desesperada, les pidió a los médicos que por favor me ayudaran, que por eso habíamos viajado desde Puerto Rico, que no me dejaran morir. Los médicos sugirieron que me quedara más tiempo y me volvieron a referir a un electro-fisiólogo para que analizara mi caso. El viaje sería mucho más prolongado de lo que esperábamos en un principio.

Comencé a sentir fuertes dolores en los riñones. Tenía una infección, estaba expulsando piedras, y tuve que someterme a una operación. Mientras pasaba el tiempo, todo se complicaba; me hicieron un estudio tras de otro. Los médicos, mientras tanto, se mostraban muy interesados en mi caso. Durante todo el tiempo de mi estadía visité cardiólogos, nefrólogos, reumatólogos, neurólogos, electro-fisiólogos, internistas, urólogos y neumólogos. Todos estos médicos me hacían estudios constantemente y no podían detectar, a ciencia cierta, qué era lo que me estaba ocurriendo. El electro-fisiólogo nos dijo que jamás había hecho tantos estudios a un paciente. Al no encontrar la razón de los síncopes, terminaron poniéndome en el corazón un "monitor de eventos".

El tiempo transcurría y ya no había dinero para pagar, pero Dios nunca nos abandonó. Él utilizó a la hermana de mi esposa, a su esposo y a mis amigos de la iglesia para bendecirnos. Gracias a ellos pudimos resistir en Estados Unidos casi tres meses y medio. En todo el tiempo que estuvimos en Ohio, Mónica y yo experimentamos una mezcla de sentimientos; soledad, desesperación, frustración, desánimo, preocupación. Pero como Dios es tan maravilloso y sabía cómo nos sentíamos, puso en nuestro camino, después de tantos años, a una amiga de la infancia que encontramos en Ohio durante nuestra estadía. Ella y su esposo iban a buscarnos algunos fines de semana para llevarnos a comer y a pasear por la ciudad; así logramos distraernos un poco.

Además, nos llevaron a una iglesia para recibir fortaleza de Dios. No tenemos cómo agradecer a esta familia todas sus atenciones, durante ese momento tan difícil.

Ese viaje fue de mucho crecimiento para mi esposa y para mí. Antes de irnos para Ohio, en Puerto Rico, Dios le había hablado a mi esposa, y unas de las cosas que le dijo fue que ella *"iba a crecer"*. En ese momento, Mónica no entendió estas palabras, pero sí pudo comprenderlas más tarde. Fuimos a Ohio con la idea de permanecer allí dos semanas y estuvimos durante más de tres meses. Si mi casa no estuviera cimentada en la roca, ¿crees que en la arena hubiese aguantado esa tormenta? ¿Crees que si mi matrimonio no estuviera dirigido por Dios y Él no fuera el centro de mi hogar, Mónica y yo hubiéramos soportado esta prueba? Por supuesto que no. Sin Él no somos nada, y nada podemos hacer.

Si acaso estás pasando por procesos similares a los que Mónica y yo pasamos, verás cómo Dios, día tras día, contesta las preguntas que le hacemos. Nosotros sabíamos de mi necesidad; pero Dios, quien conoce nuestros corazones, sabía que además de mi necesidad, teníamos otras que todavía no conocíamos. ¿Cuáles eran esas necesidades? En las páginas siguientes lo sabrás. Te contaré detalles de ese viaje que marcó nuestras vidas y nos hizo crecer.

# Un viaje para crecer

>>>    >>>    >>>

*El justo florecerá como la palmera; crecerá como*
*cedro en el Líbano. Salmo 92:12*

El comienzo de este viaje fue el domingo 23 de diciembre de 2012; ese fue el día en que viajamos al Estado de Ohio, para atenderme en un hospital especializado. El primer proceso que tuve que enfrentar fue la separación de mi familia, pero sobre todo, separarme de mis padres. ¿Por qué fue tan difícil separarme de ellos? Porque soy muy apegado a mis padres, y cuando me sometía a alguna operación o me hacían cualquier procedimiento, yo sabía que Mónica los llamaría para ayudarnos y acompañarnos, y estarían a nuestro lado para atender lo que hiciera falta. Pero en esta ocasión, no tuve a ninguno de ellos a mi lado, al menos físicamente. De los únicos que Mónica y especialmente yo podríamos depender en este viaje fuera de nuestro país, eran el Padre, el Hijo y el Espíritu Santo de Dios. Para Mónica, todo comenzó una mañana, cuando Dios puso una inquietud en su corazón y ella confió. Compartimos contigo, a continuación, la historia de Ohio vista a través de sus ojos y su fe.

---

### Mónica en Ohio: "¿Cuánto duele crecer?"

*Todo comenzó una mañana. Josué se encontraba delicado de salud y me pidió que lo llevara al médico. Lo acompañé y cuando salimos de la oficina médica, me sentí indignada por lo que el médico le dijo. Teníamos que buscar otras opiniones. En ese momento, me puse a pensar qué podía hacer para ayudarlo. Dios puso en mi corazón llevarlo a Estados Unidos a buscar una segunda opinión. Comencé a* orar pidiendo dirección a Dios, y a buscar información de los mejores hospitales de Estados Unidos. Realicé unas gestiones y saqué una cita para poder ir, en mis vacaciones, a buscar una segunda opinión. De esta forma, no me afectaría en el trabajo.

La familia de Josué no estaba muy de acuerdo con que él fuera a los Estados Unidos. Pensaban que eran caprichos míos, pero Dios tenía un propósito con nosotros en ese viaje. Nos fuimos un 23 de diciembre para los Estados Unidos; la cita que conseguí era el 24 de diciembre. Pasamos Navidades allá y cuando íbamos a regresar a Puerto Rico, Josué se puso delicado de salud; tuvieron que hospitalizarlo y operarlo, entre otras cosas. Tuve que hablar a mi trabajo y pedir una licencia, para poder atender a mi esposo. La gente me decía que yo estaba loca. Me cuestionaban si realmente sabía lo que estaba haciendo y me decían: "¡Piénsalo bien, vas a perder tu trabajo! ¿Por qué no lo dejas solo y regresas a tu trabajo para que le puedas enviar dinero?" ¿Pero qué clase de esposa sería yo si dejo solo a mi esposo enfermo, sintiéndose solo y deprimido? ¿Cómo podía dejarlo precisamente en momentos tan difíciles para él? Ese era el momento de demostrarle lo que juré frente a Dios en el altar; que iba a estar con él en la salud y en la enfermedad, en todo momento.

Aproximadamente, una semana antes de irme a Estados Unidos, estando en una vigilia de un grupo de la iglesia, Dios utilizó a un pastor que nos visitó esa noche y una de las cosas que me dijo era que yo iba a crecer. En ese momento, no entendía por qué me lo decía. Cuando analizo todo lo que pasé en esa época, puedo entender lo que me dijo el pastor ese día. ¿Cuánto duele crecer? Lo comparo al crecimiento de un niño. Cuando un niño está en crecimiento, sus músculos y tejidos se estiran y el proceso puede ser doloroso. Este proceso no es tan solo un aumento en el tamaño del cuerpo, sino que también representa la madurez de los órganos y sistemas, para adquirir una mayor capacidad.[6] Igual que en el desarrollo del ser humano, en su parte física, siento que en el proceso de enfrentar los retos de ese viaje -la falta de dinero y estar lejos de la familia- mis cimientos fueron conmovidos, y comencé un crecimiento emocional *y espiritual más profundo. Además, mi fe fue puesta a prueba. La Biblia dice que sin fe es imposible agradar a Dios.*

*En la primera etapa, las pruebas afectaron nuestro matrimonio. Pero en esta ocasión, la prueba de Ohio nos unió como pareja. Puedo decir que he madurado. Aunque había momentos en que me deprimía y lloraba escondida en el baño para que Josué no me viera, al momento recibía fortaleza de lo alto. Era algo inexplicable. Pude experimentar lo que dice la Biblia, que el gozo del Señor es mi fuerza. Experimenté una paz que solo Dios puede dar. Además, pude ver cómo Dios obraba a nuestro favor, cómo día a día nos suplía nuestras necesidades. Es muy fácil predicar sobre un Dios que salva, sana, que es nuestro suplidor, hasta que llega el día difícil.*

*Hoy te puedo decir que nunca nos faltó nada. Dios utilizó a nuestros amigos y gente de la iglesia para bendecirnos. Yo solo caminaba y confiaba; Él se encargaba de abrir las puertas y tocar a las personas. Cuando se me acababa el dinero, en dos o tres ocasiones me llegó dinero por correo a casa de mi hermana, o me llamaban de Puerto Rico para que les diera el número de cuenta del banco para depositarme dinero. Cuando regresamos de los Estados Unidos, Dios seguía bendiciéndonos. Ese viaje fue una enseñanza para nosotros. Tuve que aprender a depender absolutamente de Dios. El enemigo se levantó como río, pero Dios plantó bandera de victoria.*

*Fuimos a Estados Unidos por diez días y estuvimos tres meses. En ese tiempo, sentí que crecí como dos pulgadas de alto. Dios estaba trabajando con nosotros, especialmente conmigo; quería que dependiera totalmente de Él. No importaba lo que mis ojos pudieran ver; aunque la gente cercana nos diera la espalda, yo tenía que confiar en Él y en sus promesas. Él prometió estar con nosotros y así ha sido. Quería que entendiera que no debía depender de mis propias fuerzas, que Él es mi padre, ayudador, suplidor y nada me iba a faltar. Si Él está, no hay de qué preocuparse; es el dueño del oro y de la plata. En muchas ocasiones, estamos tan ensimismados en nuestros problemas, que se nos olvida de quién proviene todo lo bueno; no es del hombre, sino de Dios. Dios tiene que enviarnos al desierto para que escuchemos su voz, y aprendamos a conocerle, a crecer y madurar en Él. La Biblia dice en Oseas 2:14: "Pero he aquí que yo la atraeré y la llevaré al desierto, y hablaré a su corazón." Si estás en ese momento de tu vida, no te preocupes, todo estará bien; Él te llevará al desierto para demostrarte cuánto te ama y para bendecirte, porque aunque nosotros seamos infieles, Él permanece fiel.*

---

Mónica fue el motor de este viaje, pero a mí se me hizo muy difícil realizarlo. Sabía que no era un viaje de placer, si no que mi salud dependía en gran medida de lo que pudiéramos lograr. Durante mi estadía, además, tendría que recibir algún tipo de tratamiento, pues mi situación de salud era delicada. También, me resultaba difícil viajar en el mes de diciembre, pues es una fecha que siempre se pasa en familia y esta vez no tendríamos la nuestra con nosotros; estaríamos solamente Mónica y yo.

El día que viajamos a Ohio, nuestra familia estuvo con nosotros en el aeropuerto. Cuando llegó la hora de entrar al avión, noté que mis sobrinos y mi hermana estaban llorando. Mis dos sobrinos lloraban sin consuelo y uno de ellos decía: *"Tío, no me dejes"*. Me entristeció mucho escuchar estas palabras, pues esas dos criaturitas son mi vida; los quiero como si fueran mis hijos. Todavía, cuando narro esto, se me salen las lágrimas al recordarlo; ver la cara de mis dos bebés llorando por mi partida, era como si arrancaran algo de mí. Ese día, también llorando, yo les decía: *"No lloren, regresaré, se los prometo; no los voy a abandonar."* Observaba a mi hermana llorando junto a ellos y a mis padres destruidos emocionalmente. Esa experiencia fue muy fuerte para mí; imágenes que nunca se han borrado de mi mente.

Antes de partir, mi padre me abrazó y dijo: *"Hijo mío, que Jehová te bendiga y te guarde. Me llamas al llegar; todo sea por tu bien."* Esa tarde quedó marcada para siempre en mi memoria. Cuando íbamos a entrar al pasillo de abordaje, mi sobrino me abrazó fuertemente diciendo: *"Tío, te amo; déjame orar por ti."* ¡Un bebé de 4 añitos! A veces decimos que dependemos solo de Dios, pero no es real. Emocionalmente, dependemos mucho de los que están a nuestro lado, y de las oraciones de nuestra familia y amistades. A veces no vemos que lo que realmente necesitamos es una relación directa con Dios. Eso era lo que, quizás, en ese momento yo no podía ver y debía aprender. Mi hermana me contó tiempo después que, al salir del aeropuerto, todos se fueron a Piñones, un lugar en el sector de Isla Verde donde hay muchos quioscos y venden frituras típicas de la Isla, como las *alcapurrias* y los *bacalaítos*. Mi sobrino aún lloraba porque yo me había ido; mientras tanto, le pedía a mi padre una alcapurria (mi sobrino es igual que yo, siempre piensa en la comida, aún en los peores momentos). Mientras comían, mis sobrinos observaban los aviones pasar y decían: *"¡Adiós, tío!"* Fueron momentos muy emotivos para toda la familia.

A partir de ese día, Mónica y yo *volvimos a nacer* como matrimonio, porque teníamos que depender únicamente el uno del otro; éramos huérfanos y extranjeros en otra tierra. Pero Dios es perfecto y sus caminos son rectos. En Ohio nos quedaríamos en casa de la hermana de Mónica y su esposo. La hermana de mi esposa hizo su vida en Ohio desde el 2005, y el hospital al cual iríamos quedaba a unas horas de su casa. Ella le había dicho a Mónica que podíamos quedarnos en su casa y así lo hicimos. Mónica estaba contenta porque iba a poder compartir las Navidades con su hermana, el esposo y su sobrina, a quienes no veía desde hacía tiempo. Aunque tendríamos que pasar por un proceso duro, Dios dispuso que no lo pasáramos solos; puso en nuestro camino a la hermana de Mónica y su familia.

*Aunque mi padre y mi madre me dejaran, con*
*todo, Jehová me recogerá. Salmo 27:10*

## Navidad en Ohio

Cuando llegamos a Ohio, ya nos estaban esperando; sabían que estaba nostálgico y buscaron la manera de que mi mente estuviera ocupada en otra cosa. Al llegar, debíamos descansar porque al otro día, muy temprano, tendríamos la primera cita con los médicos del hospital. Era 24 de diciembre, difícil olvidarlo; había que levantarse temprano porque el viaje al hospital era bastante largo. Camino al hospital, yo casi no hablaba; mi mente estaba en otro lugar. Ese día comencé a recibir mensajes de mi familia, pero también de buenos amigos. Aunque nos encontrábamos lejos, nos llamaban todos los días.

Al llegar al hospital, vimos que era prácticamente un mundo; las facilidades eran inmensas. Llenamos los documentos de entrada y nos dirigimos a la primera cita, que era con la reumatóloga. El hospital nos asignó una intérprete excepcional; una excelente persona, muy comprometida con su trabajo. Creo que en el hospital estaban esperando la llegada de un joven flaco, frágil y delicado de salud; pero entró en su lugar un hombre gordo, alto y calvo (yo), y seguramente dijeron: *"¿En serio ese es el joven que estábamos esperando?"* Tuvieron que aceptar la realidad cuando Mónica sacó mi record médico y las cartas de los especialistas que me atendían. Terminando la consulta con la reumatóloga del hospital, nos dio las instrucciones para las demás citas y todos los médicos que debían examinarme. Además, nos orientó sobre los estudios y laboratorios que tenía que realizarme. En ese momento, entendí que no estaríamos allí por dos semanas; esto sería para largo.

Aún no veíamos las grandes cosas que Dios estaba por hacer en nuestras vidas. Ese 24 de diciembre, el cuñado de Mónica había sido invitado a una fiesta de Navidad en casa de un familiar. De más está decirles que yo no quería compartir con nadie; desde que salimos de la primera cita comencé a hacerle la vida imposible a mi esposa, pues no tenía la mejor actitud. Estaba enfocado en mis propios sentimientos y no podía ver los de Mónica. Ella también había dejado a sus padres y sobrinos; y aunque estábamos en casa de su hermana, también sabía que no se trataba de unas vacaciones. Pero lo más importante de todo era que yo no me daba cuenta de que mi salud se estaba deteriorando, y Mónica estaba realizando su máximo esfuerzo para que yo pudiera recuperarme, costara lo que costara.

En otras palabras, el segundo proceso que Dios necesitaba trabajar conmigo era mi temperamento; mi impulsividad, sin medir consecuencias. Podría decir que mi carácter es volátil, pues cuando me siento vulnerable, me ciego y me apoyo en mi propia prudencia. Otra característica de mi personalidad es que suelo poner una barrera frente a mí, lo que no permite que se acerquen los demás. Pero como Dios es perfecto, sabía cómo llegar a mí. Él sabe que los niños, para mí, son primero.

El día de Nochebuena, la hermana de Mónica me preguntó si podía vestirme de Santa Claus para la fiesta. Inmediatamente, le contesté que no; pero luego, lo pensé mejor y me dije: *"Ellos se han portado muy bien con nosotros, no es justo. Mi testimonio no lo puedo poner en riesgo y además, yo lo hago siempre en casa de mi hermano"*. Rectifiqué y le dije que lo iba a hacer. Al disfrazarme y ver la alegría de los niños y de la sobrinita de Mónica, mi semblante cambió y me sentí mucho más tranquilo.

Esa semana llamaron a Mónica del hospital para informarle las fechas de las citas médicas y de los estudios requeridos. Era ya finales de diciembre cuando asistí a la cita con la neuróloga; comenzando la revisión, me dijo que debía hospitalizarme durante seis días para hacerme un electroencefalograma. Cuando le preguntamos la fecha, ella nos aclara que me hospitalizarían el 4 de enero. Pueden imaginarse cómo me puse al escuchar esa noticia. Saliendo del hospital, le dije a Mónica: *"Sabes que me voy el 2 de enero para casa"*. Todavía no podía aceptar que nuestra estadía en Ohio se prolongaría más de lo esperado.

Una tarde nos llamó mi doctora, desde Puerto Rico, para saber cuáles eran los exámenes que me estaban haciendo. Mónica le contó cómo me sentía y sobre las evaluaciones de los médicos. La doctora quiso hablar conmigo y como yo estaba guiando, Mónica puso la llamada en alta voz. Ambos escuchamos cuando la doctora me dijo: *"Josué, deja que te evalúen los médicos y no le hagas la vida complicada a Mónica, que todo es por tu bien; tú lo sabes, yo deseo que vivas más. Sabías que tarde o temprano esta situación iba a ocurrir, y nosotros necesitamos que estés bien"*. Luego le dijo a Mónica: *"Si se pone bravo, me llamas para ponerlo en su sitio"*. Al terminar esa llamada, recibí otra de mi madre, para lo mismo, y le dije: *"Tranquila, que regreso el 2 de enero."* Pero como ella me conoce, madre al fin, le dijo a Mónica: *"Aunque me duela, no me lo traigas para Puerto Rico hasta que ellos y tú entiendan que todo está bien."*

Podrán imaginar cómo quedé después de oír esto; seguía en negación. Al llegar a la casa de la hermana de Mónica, sin decir nada a nadie, subí a nuestra habitación y me encerré. Mientras todo el mundo celebraba la despedida de año, yo lo despedí llorando; hasta que le dije a Dios lo siguiente: *"Me cansé de pelear contigo, perdóname. Te pido que seas mi padre, sé tú quien nos guíe. Si este es un proceso para conocerte, lo aceptaré. Pero, por favor, no nos abandones."* Al instante, me vino a la mente un versículo que menciono mucho, el Salmo 27:10: *"Aunque mi padre y mi madre me dejaran, con todo, Jehová me recogerá"*.

### Barro en el horno

Recuerdo que esa noche me vino a la mente algo que una vez les hablé a los jóvenes de la iglesia; la historia sobre tres jóvenes hebreos. Me refiero al tercer capítulo del libro de Daniel, uno de mis libros favoritos de la Biblia. Los tres jóvenes eran Sadrac, Mesac y Abednego. La historia cuenta que el rey Nabucodonosor creó una estatua y dijo que aquél que no se postrare ante ella, lo echaría al horno; pero estos tres jóvenes decidieron no postrarse ante la estatua. Cuando los confrontaron, Sadrac, Mesac y Abed-nego le respondieron al rey Nabucodonosor: *"No es necesario que te respondamos sobre este asunto. He aquí nuestro Dios a quien servimos puede librarnos del horno de fuego ardiendo; y de tu mano, oh rey, nos librará. Y si no, sepas, oh rey, que no serviremos a tus dioses, ni tampoco adoraremos la estatua que has levantado."* Lo interesante de esta historia es que cuando abrieron el horno, el rey, con gran asombro, preguntó: *"¿No echaron a tres jóvenes?"* Su pregunta responde a que había cuatro personas en el horno y originalmente, eran solo tres; el cuarto era el ángel de Jehová.

La Biblia dice que Jehová acampa alrededor de los que le temen, y los defiende. Cuando hablaba a los jóvenes de la iglesia, les decía que a veces es necesario entrar al horno, porque somos barro en manos del alfarero. Cuando el alfarero termina de esculpir la vasija, la pone en un horno a cierto grado para quitar las impurezas al barro y que quede perfecto, sin ningún defecto. Les decía que así mismo era necesario entrar al horno, para que el alfarero nos quite toda impureza, toda grieta o defecto; y aunque en el fuego sintamos que nos quemamos, el alfarero no va a permitir que nos dañemos. Cuando recordé esa predica, entendí que en ese momento yo estaba en el horno. Mientras despedían el año, llorando, yo cantaba: *"Yo quiero ser, Señor amante, como el barro en las manos del alfarero, rompe mi vida y hazla de nuevo, yo quiero ser, yo quiero ser, un barro nuevo."* Mónica subió a la habitación y al escucharme cantando, me abrazó fuertemente. Entre lágrimas, le decía: *"No me dejes solo"*. Desde ese día, Mónica y yo estuvimos más unidos que nunca.

El día que me iban a hospitalizar, horas antes, tenía una cita con el urólogo de la clínica. Era una de las citas más importantes, porque las piedras que estaba creando se encontraban dentro del riñón y me estaban afectando mucho. El urólogo de Puerto Rico necesitaba que este médico hiciera algún comentario, o sugerencia, para seguir el tratamiento. Cuando el urólogo del hospital vio el cuadro clínico, me dijo: *"Tengo que operarte para aliviar tu dolor de piedras; le avisaré a tu urólogo para explicarle que el procedimiento es un poco complicado, pero yo lo practico todo el tiempo. No te preocupes, hablaré con tus médicos."* Nuevamente, pensé que la cosa iba para largo, y así fue. Se cuadró la fecha de la intervención y mientras tanto, yo miraba a Mónica y pensaba: *"Esto no era lo que esperábamos".*

## El mejor regalo

Ese mismo día, entré al edificio de neurología para que me realizaran un electroencefalograma, con el fin de saber si los síncopes me provocaban epilepsia. Al llegar, todas las enfermeras nos recibieron como nunca habíamos imaginado. Rápidamente, entré a la habitación para comenzar el procedimiento. Cuando la enfermera empezó a conectar los cables para realizar el examen, empecé a reírme y en ese momento tuve el primer episodio. Mónica cuenta que las enfermeras no tardaron ni dos minutos en llegar a ayudarme. En un abrir y cerrar de ojos, varias enfermeras llegaron a atenderme. Estaban asombradas y asustadas, porque yo seguía riéndome sin parar. Finalmente, entre risa y risa, lograron estabilizarme.

Esa semana se celebraba el Día de Reyes. Las enfermeras sabían que éramos de Puerto Rico, y que celebramos el 6 de enero, por lo que ese día escribieron en una pizarra *"Feliz Día de Reyes".* Una de las enfermeras se acercó para ponerme un medicamento y comenzamos a conversar. Mientras conversábamos, me contó que una compañera suya iba a hacer un viaje misionero a Honduras. Yo le dije que mi esposa Mónica había ido y le conté un poco sobre su experiencia. Ella se sorprendió mucho y fue a buscar a su compañera para que hablara con Mónica. Mi esposa le contó de las experiencias que vivió y de repente, la enfermera le dijo: *"Deseo que ores por mí."* En ese instante, se nos olvidaron nuestros problemas, porque orar por alguien vale más que todo el esfuerzo realizado.

Antes de que acabara esa semana, el doctor que me atendía en el hospital vino a verme con sus internos. Hablaron con nuestra intérprete para que me informara que debía ver a un electro-fisiólogo.

Enseguida miré a Mónica preocupado, pues me daba cuenta de que surgían más complicaciones y exámenes. Habíamos terminado con los procedimientos necesarios para las citas médicas, y se planificó la operación. Me dieron de alta el día de mi cumpleaños, y el de Mónica; pues cumplimos el mismo día. La hermana de Mónica y su esposo nos prepararon una fiesta sorpresa. Deseaban que pasáramos un buen momento. Mis amistades también llamaron para felicitarnos y saber cómo estábamos. Lo primero que me preguntaron fue cuándo regresaríamos a la Isla. No sabíamos la respuesta a esa pregunta. Cuando nos íbamos a acostar esa noche, pensando que esa semana iba a ser fuerte, Mónica me pidió que orara a Dios, porque ella necesitaba que Él renovara nuestras fuerzas.

Comenzamos a orar y lo único que le pedí a Dios fue: *"Deseamos Señor, de regalo de cumpleaños, que nos regales tu presencia, no te pedimos nada más."* Al instante, la habitación cambió de ambiente y comenzamos a llorar de alegría, porque sentíamos la presencia de Dios. El cuarto se iluminó, a tal grado que no podíamos abrir los ojos y lo único que hacíamos era alabar su nombre. Al día siguiente, recibí la llamada de mis sobrinos y mis padres, cantándonos "cumpleaños feliz". Ese fue uno de los mejores regalos que recibimos. El gesto que tuvieron la hermana de Mónica y su esposo, las llamadas de mis amigos, luego la llamada de mi familia a través de *skype*, y el mejor regalo, la presencia de Dios en nuestra habitación, todo eso valía mucho más que cualquier obsequio material.

*No te rindas*

A finales del mes de enero, el plan médico aprobó la operación de piedras que debían realizarme. Recibimos una llamada del plan para darnos la noticia. Al momento, entré en pánico y ansiedad, porque siempre que me operan en Puerto Rico, además de Mónica, están mis padres presentes. Entré al hospital con mucha ansiedad y cuando llegó el día de la pre-admisión, recibí la llamada de un amigo muy querido. Cuando tomé la llamada, escuché estas palabras: *"Estad quieto y reconoced que soy Dios."* Me eché a reír y le contesté: *"¡Qué fácil es decirlo!".* Riéndose él también, continuó diciendo: *"Echa sobre mí tu carga".* Entonces, dejé de reír y comencé a llorar. Cuando él me escuchó llorando, se rió más fuerte y añadió: *"Tanto que me bromeas porque lloro mucho, y tú estás igual; pero Josué, es necesario, nosotros te apoyamos. Apúrate y regresa pronto, porque nos haces falta. Gracias a ti no he ido al cine."* Nuevamente, empecé a reírme, porque siempre íbamos juntos al cine a ver los estrenos. Muchas personas me enviaron mensajes de aliento. Mi hermana me había enviado un mensaje por correo electrónico, que decía: *"Aunque nos hagas falta, no te rindas; sigue hacia adelante."*

Llegamos al hospital para empezar la pre-admisión y mi mente estaba en otro lugar. Notaba que Mónica trataba de mostrarse fuerte, pero yo sabía que por dentro se desmoronaba y la angustia se apoderaba de ella. Nos sentíamos huérfanos, aun cuando sabíamos que Dios estaba con nosotros. Cuando terminamos en la clínica, nos fuimos a pasear por el área del hotel donde nos estábamos hospedando. Llegó la noche y nos preparamos para ir a cenar. Debía asegurarme de cenar antes de la medianoche, ya que después de esa hora no debía comer nada, por la operación. Mientras nos preparábamos para salir a cenar, le pedí a Dios que alguien me llamara y orara por mí. En ese momento, recibí la llamada de un buen amigo que es pastor. Comenzamos a conversar en alta voz, porque él deseaba hablar con Mónica también. Nos dijo que Dios lo había inquietado para llamarnos, porque nos sentíamos solos. Al decirnos eso, Mónica y yo comenzamos a llorar sin consuelo. Eso era exactamente lo que nuestro corazón sentía.

Recuerdo que nuestro amigo nos decía: *"Si alguien tiene que quitarse el sombrero ante ustedes, ese soy yo."* Todavía llorando, le admitimos que nos sentíamos muy solos aunque sabíamos que Dios estaba con nosotros, y ese sentimiento nos atormentaba. Entonces, me dijo: *"Josué, tu fe no te exime de la realidad; si me preguntas a mí, yo no aguantaría todo lo que tú has soportado. Por eso David dijo: 'A quién tengo en los cielos si no a ti'. Dios sabe cómo te sientes y si Él no estuviera, no me hubiera inquietado."* Comenzó a orar por nosotros y sentí que me iban quitando una carga pesada; Mónica sintió lo mismo. Terminó de orar y se despidió. Enseguida recibí la llamada de un matrimonio de amigos, compañeros de la iglesia. Llamaron para decirnos que estaban orando por nosotros, y que Dios los había inquietado para llamar y saber cómo estábamos. Luego, recibí llamada de otros amigos para saber de mí; también nos dijeron que estaban orando para que todo saliera bien. Nos sentimos reconfortados, al saber que tantas personas queridas estaban orando por nosotros. Todos ellos nos dejaron saber, con sus palabras y oraciones, que Dios había escuchado mi petición y estaba con nosotros. Regresamos de cenar y nos acostamos temprano, porque teníamos que madrugar. De momento, recibimos la última llamada de la noche; eran mis padres, junto a mis hermanos y sobrinos.

Mi madre, llorando de angustia porque no podía estar con nosotros, le decía a Mónica: *"Dime si necesitan que vaya para allá, con ustedes".* Llorando, le contesté: *"No te preocupes, Mami, está todo bien."* De repente, mi sobrino agarró el teléfono y me dijo: *"Tío, ¿puedo orar por ti?"* Le dije que sí y comenzó a orar: *"Papá Dios, mira a mi tío que está solito con Titi, por favor, cúralo para que pueda regresar. Papá Dios, deja el tesoro caer en ellos y no los dejes solitos, Papá Dios, yo te lo pido en el nombre de Jesús, amén."* Cuando mi sobrino terminó de orar, mis padres, que estaban junto a mis hermanos, me decían: *"Una llamada y nos vamos con ustedes, hijos míos."* Todavía llorando, Mónica y yo les dijimos que no se preocuparan por nada; todo iba a estar bien. Algo Dios iba a hacer en nuestra vida y en nosotros. Por eso estábamos allí.

# Huérfanos y extranjeros

>>>   >>>   >>>

*Jehová guarda a los extranjeros; al huérfano y a la viuda sostiene,*
*y el camino de los impíos trastorna. Salmo 146:9*

Llegó el día de la operación. Nos levantamos temprano para ir al hospital; miré el celular, y había un mensaje que decía: *"Mónica y Josué, la iglesia está orando por ustedes y estamos pendientes de lo que necesiten."* Al llegar a la clínica, me pasaron a una sala y comenzaron a prepararme para la operación. En ese momento, recibí la llamada de un gran amigo y su esposa. Les pedí que me cantaran un himno que siempre me ha gustado mucho. Comenzamos a cantar, y la enfermera, que no sabía español, le decía al intérprete: *"¡Qué hermoso cantan!"* Yo le dije que no era yo quien cantaba, sino los ángeles que Dios había enviado, porque yo no canto ni en la bañera.

Al despedirme de Mónica para entrar a la sala de operaciones, comenzaron a llegar muchos doctores para hablar conmigo; querían decirme que no me dejarían solo. Uno a uno comenzaron a presentarse; y lo curioso fue que todos, el anestesiólogo, los enfermeros, hasta el doctor que me iba a operar y los directores médicos de cada departamento, querían hablar conmigo. No sabíamos que el médico que me operaría era uno de los mejores urólogos de la nación norteamericana, y además, era el director del Departamento de Urología.

Antes de comenzar, los médicos se dieron cuenta de que yo estaba orando, y la intérprete comenzó a traducir todo lo que yo decía: *"Señor, Mónica y yo nos sentimos solos, porque no tenemos a nadie, somos huérfanos y extranjeros; te pido que tu presencia ocupe este lugar, que seas tú quien me opere, como lo has hecho en Puerto*

*Rico. Sé tú el médico, y que ellos vean en la operación lo que no han podido encontrar otros."* Cuando terminé de orar, todos ellos dijeron: *"Amén".*

Luego de la operación, los médicos me explicaron que no entendían cómo, estando el riñón tan afectado, aún conservaba su máxima función. No podían creer, tampoco, que mientras extraían las piedras, el riñón comenzaba a crearlas. Esa observación fue muy importante, porque no se había reflejado anteriormente en Puerto Rico. Al día siguiente, ya en la sala de recuperación, comencé a recibir llamadas de todos nuestros amigos de Puerto Rico. Me llamó la reumatóloga de Puerto Rico para saber cómo había salido todo, y también el urólogo. Lo primero que me dijo fue que había hablado con mi doctor de Estados Unidos, y él le había confirmado que todo estaba bien. Luego, añadió: *"Definitivamente, Dios está con ustedes, pero hasta que ellos no vean que tú estás bien, no vengas. Termina todo el tratamiento, que nosotros te esperamos aquí."*

Cuando llamé a mi casa y escucharon mi voz, pude notar la alegría de mis padres al decirles que todo había salido bien. Fue algo impresionante, porque en ocasiones anteriores, yo salía grave de las operaciones. Allá en Estados Unidos, cuando me dieron de alta, caminaba como si nada hubiera sucedido, y estábamos a 10 grados de temperatura. Ver la cara de mi esposa, gozosa y alegre, fue un gran alivio, porque vimos la mano de Dios. Me sorprendió recibir la llamada de mi tío, el hermano de mi madre; esto me llenó de alegría, pues hacía mucho tiempo que no sabía nada de él. En realidad, toda nuestra familia y amistades estuvieron muy cerca de nosotros, a pesar de la distancia.

Una semana después, tenía cita con el electro-fisiólogo y me solicitaron varios estudios. El doctor le pidió a la intérprete que nos preguntara si había alguna manera de hacerme reír, para poder observar el proceso de los síncopes. Mónica le contestó que podíamos llamar a un amigo que siempre me hace reír. Es una persona que apreciamos mucho, y nada más de mirarlo, siento ganas de reír. Es muy gracioso, pero cuando habla en serio, dice palabras llenas de sabiduría. Cuando nuestro amigo contestó la llamada y se enteró de la petición, le dijo a Mónica: *"¡No me digas que tengo que hacer reír a Josué!"* Mónica, riéndose, le confirmó que necesitábamos su ayuda; y hasta el doctor, que no hablaba español, se reía al escuchar la conversación. Gracias a esa llamada, el doctor pudo observar los episodios de los síncopes. Cuando mi amigo escuchó, después, el corre y corre que ocasionó mi risa, se asustó muchísimo y le dijo a mi esposa: *"¡No me llamen más para eso!"* Hasta la intérprete se reía de las ocurrencias de nuestro amigo.

### Aceptando mi realidad

En mi segundo mes en Ohio, ya me sentía cansado y solo deseaba regresar a Puerto Rico. Un día, me encontraba en la habitación llorando, porque me sentía decaído. Quería terminar con todo, y le dije a Dios: *"Señor me siento cansado, le he hecho la vida imposible a Mónica, necesito que me ayudes a regresar, no aguanto más."* En ese momento, recibí un mensaje de mi amigo "el bromista", preguntando cómo estaba, y le contesté llorando. Él pensaba que bromeaba otra vez, y me llamó para asegurarse de que estaba bien. Cuando me escuchó, se dio cuenta de que en realidad estaba llorando y trató de animarme: *"Panín, ¡qué te puedo decir! No te puedo decir que te entiendo, porque yo no estoy enfermo; pero creo que te sientes cansado, ¿verdad?"* Llorando, le contesté que sí.

Me preguntó cuánto tiempo llevaba con la enfermedad, y luego me dijo: *"Esa es tu realidad, y también es tu realidad que tienes que asistir a todas las citas médicas. Mi realidad, Josué, es que estoy pasando por un proceso difícil y no veo justicia. Mi realidad es que tengo que vivir un día a la vez, pero la realidad es que no importan las circunstancias, Dios es real y solos no nos va a dejar. Tu realidad es tu enfermedad, tus citas y tratamientos; pero también tu realidad es que Dios es real. David dijo en el Salmo 23:4, que 'aunque ande en valle de sombra de muerte, no temeré mal alguno, porque tú estarás conmigo; tú vara y tu cayado me infundirán aliento.'* *Así que nuestra realidad es que Dios va estar presente."* Esas palabras de mi amigo lograron, automáticamente, que dejara de llorar; y sentí cómo Dios me daba fuerzas para seguir.

Durante nuestra estadía, apareció una amiga de la familia que había sido miembro de la primera iglesia a la que mis padres pertenecieron. Al enterarse de que yo estaba en Ohio, me llamó por teléfono. Cuando le dije que estaba en Columbus, me dijo que estábamos a solo 20 minutos de su casa. Fuimos a visitarla y se desvivió por complacernos. Su esposo dejó de trabajar ese fin de semana para llevarnos a pasear y conocer el área. Recuerdo que su hija se reía todo el tiempo de mis bromas. Nos llevaron a recorrer muchos lugares, y el tiempo que estuvimos con ellos nos trataron de manera excelente, más que bien. Fueron momentos gratos que aliviaron nuestro paso por Ohio.

Estábamos, prácticamente, viviendo en Ohio. Mi coraje, frustración y tristeza comenzaban a ceder; me sentía más tranquilo. Nuestra amiga y su familia buscaban la manera de entretenernos y hacernos sentir bien. Salíamos mucho con ellos, o el esposo de ella cocinaba en la casa y comíamos todos juntos. Pasábamos horas riéndonos y conversando. En esos meses, Mónica también compartió mucho con su hermana y su sobrina, quizás como nunca. Se reían solas, y yo sé que Mónica lo estaba pasando bien junto a su familia. Cuando no estábamos en la casa, la sobrina de Mónica se pasaba llamándonos y tocando en la puerta de nuestra habitación. No tengo manera de agradecer por los meses que estuvimos en casa de la familia de mi esposa. Dios nunca nos dejó solos; nos envió consuelo a través de personas queridas que estuvieron cerca de nosotros.

A finales del mes de febrero, le dijeron a Mónica que tendrían que ponerme un *monitor de eventos* para monitorear mi corazón. El día de la cita, alquilamos un carro porque teníamos que madrugar y no queríamos molestar a su hermana. Un día antes me había llamado mi madre, y yo no quise decirle que me volverían a operar, para no preocuparla; pero ya era muy tarde. La habían llamado de la oficina del plan médico porque no me conseguían. Llamó a Mónica para preguntarle, y ella le contó lo que estaba pasando. Mi madre me pidió que no saliera de madrugada; pensaba que era peligroso, porque no conocíamos bien la ciudad. La tranquilicé y le pedí que no se preocupara; en realidad, ya conocía bastante bien el lugar. Sentí que estaba molesta y angustiada, pero la dejé tranquila y no le hablé más del tema. No pasaron dos minutos cuando recibí otra llamada de mi padre; estaban preocupados. Enseguida le dije que todo iba a estar bien; no era la primera vez que recorríamos el camino al hospital de madrugada y como se veían las cosas, no iba a ser la última. Me dijo que mi madre quería hablar con nosotros dos y le pedí a Mónica que subiera a la habitación. Mi madre, llorando, comenzó a orar por mí, pero su tristeza no la dejaba hablar. De momento, mi sobrina tomó el teléfono para decirme que mi madre no podía orar, pero que ella lo iba a hacer: *"Señor cuídalo, guárdalo y que regrese pronto, no dejes que algo malo ocurra."* Esa oración me llegó al alma y sé que si para mí fue así, cuanto más para Dios. Llorando, le dije a mi sobrina que no se preocupara, porque Dios la había escuchado y muy pronto los vería otra vez.

Esa noche, antes de acostarnos, recibimos la llamada de una de nuestras pastoras de Puerto Rico para saber de nosotros, pues también estaba preocupada. Mónica habló con ella; en ese momento yo me había ido al sótano a orar y a hablar con Dios. Teníamos que salir a las 2:30 de la madrugada para el hospital. De camino, mientras guiaba el auto, Mónica y yo cantábamos. En un momento, recibí un mensaje de la pastora principal de la iglesia diciendo: *"Regresen, me hacen mucha falta, los necesito. Hay una iglesia orando por ustedes. Déjenme saber cómo salió todo."* Está de más decir cómo nos sentíamos; pero en esta ocasión, había paz en nuestro corazón. Ya no teníamos preocupaciones, estábamos tranquilos. Me operaron y todo salió bien. Cuando salimos del hospital, sabíamos que pronto regresaríamos a nuestra casa. Mientras estábamos de camino a la casa de mi cuñada, escribí un mensaje para todos en Puerto Rico, comunicándoles que el procedimiento había sido exitoso, y me encontraba bien.

Proceso concluido

---

Tengo que decirte que fueron meses de procesos y cambios profundos; *volví a nacer* porque tuve que volver a depender de Dios completamente. Fue claro para mí en un momento, durante una nevada, cuando le pedí a Dios que detuviera la nieve hasta llegar a la casa, y así lo hizo. Mónica y yo estábamos más unidos que nunca. El sitio donde viven sus familiares es muy tranquilo. Los domingos íbamos a una iglesia cercana, y uno de los últimos domingos, lo único que salía de mi boca era dar gracias a Dios por todo lo vivido. Ahora pienso que era necesario ese proceso en Ohio, porque nos unió más como pareja y dependíamos el uno del otro, y ambos de Dios.

Cuando pases por un proceso difícil, debes tomarlo con valentía. Vas a llorar, sí, es cierto; y también te vas a angustiar. Pero quiero que sepas que en el proceso, junto a tu pareja, no van a estar solos. La Biblia dice en Isaías 51:3: *"Ciertamente consolará Jehová a Sion; consolará todas sus soledades, y cambiará su desierto en paraíso, y su soledad en huerto de Jehová; se hallará en ella alegría y gozo, alabanza y voces de canto."* Así mismo, si dejas que Dios esté en tu proceso de vida, verás que nunca estarás solo. Dios llamará a su ejército para que estén orando por tu hogar, por los tuyos. Si Dios no hubiese estado con nosotros, la historia hubiese sido muy distinta, pero no fue así.

Pero no tan solo nuestras amistades, pastores, familia, y la iglesia en general, oraban por nosotros; también recibimos ofrendas de parte de ellos. Yo les pregunto; si mi casa no estuviera cimentada en la roca y sí en la arena, ¿hubiese aguantado esa tormenta? ¿Y si mi matrimonio no fuera dirigido por Dios y Él no fuese el centro de mi hogar? No hubiéramos aguantado mucho. ¿Crees que Mónica y yo hubiéramos soportado? ¡Claro que no! Por más cálculos que hagamos, o planes tengamos, sin Él no somos nada y nada podemos hacer. Para que tengas victoria, construye tu hogar sobre la roca. Deja que Dios sea tu arquitecto.

¿Cómo termina esta historia? A principios del mes de marzo tendríamos que regresar al hospital, para asistir a la cita de seguimiento con la reumatóloga de la clínica. Cuando ella revisó los resultados de los estudios que me hicieron y me examinó, vio que todo estaba en orden. En ese momento, Mónica y yo comenzamos a mirarnos con gozo y alegría, porque ese era el visto bueno que necesitábamos para regresar a Puerto Rico. Las próximas citas que me tocaban eran de seguimiento y dentro de cinco meses; esa fue la llave para abrir la puerta de salida. Cuando salimos de la cita, sin pensarlo dos veces, nos despedimos de la intérprete y de los que estuvieron conmigo en el hospital. En la autopista, mientras íbamos de camino a la casa de mi cuñada, llamamos a la agencia de viajes para comprar los pasajes de regreso. Nos pusimos de acuerdo para no decirle nada a la familia en Puerto Rico y sorprenderlos con nuestra llegada. Pero a su vez, Mónica estaba triste, porque no estaría más con su hermana.

Compramos los pasajes y regresamos a la casa, para preparar las maletas y compartir las últimas horas con la hermana de Mónica y su esposo. Queríamos darles las gracias por soportarnos durante tres meses. A Mónica le entristecía que no vería a su sobrina con la misma frecuencia. Estábamos tan ansiosos que no pudimos dormir esa noche, pero nos prometimos que si llamaban de mi casa, no les diríamos nada del regreso. Llamé a un amigo para pedirle que nos recogiera en el aeropuerto; estaba todo listo para la partida. Al día siguiente, cuando despertamos para prepararnos e irnos al aeropuerto, vimos que estaba nevando. Mónica y su hermana llamaron al aeropuerto para saber si cancelarían los vuelos. A mí no me importó la nieve; tomé la pala y comencé a sacar nieve de la carretera frente a la casa, diciendo: *"Regreso a Puerto Rico, porque regreso"*. Al instante, dejó de nevar y comenzó a salir el sol. Vi que Mónica sacaba las maletas y dije: *"Aleluya, no cancelaron los vuelos"*. Pero también vi tristeza en el rostro de Mónica, porque dejaba a su hermana y a su sobrina. En esos tres meses, ellas compartieron como nunca.

Partida y regreso

La sobrina de Mónica era loca con su tía, y cuando llegamos al aeropuerto la nena comenzó a llorar, diciendo: "¡Tica, tica!" Así era que ella llamaba a su tía; le agarró la mano y ya saben el resto. Las lágrimas de Mónica comenzaron a bajar por sus mejillas y le decía con voz temblorosa. "¡Bebé, te veo pronto!" La entendí muy bien en ese momento, porque lo mismo me había pasado con los míos. Mientras esperábamos que nos llamaran para subir al avión, recibí la llamada de la esposa de un amigo, para saber de nosotros. Por más que traté de no decir nada, no aguanté y le dije con alegría que estábamos en el avión para regresar a casa. Pero, también, le pedí: "No le digas a nadie que estamos de regreso, es una sorpresa." Llegamos a Puerto Rico a las 12 de la medianoche y nuestro amigo estaba esperándonos, como le habíamos pedido. Antes de salir de Ohio, para que mis padres no sospecharan nada, les dije que estaba haciéndome un estudio y tenía que apagar el teléfono. Sí, ya lo sé, mentí; pero mi madre, madre al fin, ya sabía que algo me traía entre manos. Me conoce demasiado.

Llegamos a Puerto Rico, e inmediatamente llamé al amigo que me hacía reír en Ohio y en cualquier lugar del mundo. Estaba trabajando en el aeropuerto, en el turno de madrugada, y habíamos acordado vernos allí. No nos pudimos ver, pero cuando hablamos por teléfono, ambos comenzamos a reírnos. Estábamos contentos, y entre risas me dijo: "¡Panín, no te rías, que no quiero pasar otro mal rato!" Luego, el otro amigo que habíamos llamado nos recogió en el aeropuerto, y nos llevó a casa de mis padres. Cuando llegamos, a esa hora de la madrugada, todos estaban durmiendo. Los llamé por teléfono para hacerles una broma y darles la sorpresa. Cuando mi padre contestó la llamada, le pregunté lo evidente: "Papi, ¿están durmiendo? Perdóname, es que en Ohio es una hora más temprano. Te pregunto, cuando regrese a Puerto Rico, ¿crees que Mami nos pueda cocinar algo?"

Mi padre me contestó que sí, un poco desconcertado, y añadió: *"¿Pero, cuándo llegas?"* Riéndome de la emoción, le dije: *"Abre la puerta, que estoy aquí."* Todavía confundido, me contesta: *"No entiendo, ¿cómo que estás aquí?"* Y volví a insistirle: *"¡Abre la puerta, y dile a Mami que se levante! ¡Estoy aquí en la casa!"* No podía creer lo que le decía y me advierte: *"¡Déjate de bromas!"* Hasta que por fin, escuchó desde adentro cuando le dije a mi amigo: *"¡Toca la bocina del auto!"* En ese momento, abrieron la puerta y mi madre no podía creerlo; de hecho yo tampoco. Estuvimos un buen rato en casa de mis padres, porque además, ellos tenían las llaves de nuestra casa y del carro. Antes de irnos, le dije a mi madre: *"Me voy, pero me llamas cuando te levantes para ver a los nenes en la escuela, y no les digas nada, para que sea una sorpresa."*

Me cuenta mi hermana, que esa mañana mi sobrino observó que mi carro no estaba en su lugar. Mientras lo llevaban a la escuela, comenzó a preguntar, como todo un investigador privado, dónde estaba mi carro. La excusa que mi hermana le dio, no le convenció. Mi madre llamó a mi casa temprano, todavía pensando que había sido un sueño. Al tomar la llamada, le pregunté: *"¿Te busco?"* Con gran emoción, ella exclamó: *"¡No es un sueño! ¡Sí, búscame!"* Fui a recogerla y le pedí que me llevara a ver a mis sobrinos. Llegamos al colegio y solicitamos la autorización para verlos. Mi madre le explicó a la directora y con gusto, ella accedió y fue a buscar a mis sobrinos. Vi que los niños venían caminando en dirección a nosotros, cuando de repente, se dieron cuenta de quién los venía a buscar. Comenzaron a correr hacia mí con una alegría tremenda. Se reían y gritaban: *"¡Tíííooo!"* La nena me abrazó llorando, y el nene me decía: *"¡Regresaste!"* Llorón al fin, entre lágrimas, yo les decía: *"Les prometí que regresaría y les cumplí; perdónenme, porque tardé un poco."*

Tanto los maestros, como mi madre, comenzaron a llorar al ver la alegría de los niños; y entre lágrimas, mi madre trataba de explicarles lo sucedido. A la misma vez, entró una llamada de mi hermano, para preguntarle a mi madre cómo yo estaba. Ella decidió continuar con la sorpresa, y le contestó que no sabía, que me estaban haciendo unos estudios. Escuché cuando le dijo a mi hermano: *"Cuando hable con él, yo le digo que te llame.* Luego, añadió: *"Hoy voy a estar en el apartamento con los nenes, ¿vas a pasar?"* Él le contestó que pasaría, y allí nos íbamos a encontrar, solo que él no lo sabía. Estábamos todos en el apartamento, cuando mi hermano llegó con la esposa para ver a los niños. Cuando me vio en la sala, corrió asombrado y contento a abrazarme. Me apretó fuertemente; tampoco lo podía creer. Estábamos contentos de estar de nuevo todos juntos en mi casa.

El domingo fuimos a la iglesia. Cuando la pastora vio que llegamos, me llamó desde el púlpito: *"¡Iglesia, llegó Josué de Estados Unidos, después de varios meses! ¡Sube, Josué!"* Todos en la iglesia comenzaron a aplaudir y se levantaron de gozo. La pastora me abrazó y le dijo a la iglesia: *"Una vez más, sus oraciones llegaron al cielo y Dios escuchó; hoy vemos que Dios estuvo con Josué y su esposa. Eso lo hace Dios."* Toda la congregación se acercó a saludarnos y abrazarnos. Fue un momento de gran alegría para todos nosotros.

Si Dios nos dio a Mónica y a mí la victoria, y el respaldo de las oraciones de todo un pueblo, ¿acaso crees que no pasará contigo? Por eso, hemos de decir en todo momento: *"Ponme como un sello sobre tu corazón, como una marca sobre tu brazo; porque fuerte es como la muerte el amor"* (Cantares 8:6). Para tener amor en tu vida, deja que Dios entre a tu hogar y corazón. Sin amor no se pueden soportar los obstáculos que nos presenta el camino. Si no hay amor, no hay nada; no somos nada.

---

### Mónica y Josué: *"Las experiencias aprendidas en Ohio"*

*Les relatamos nuestra historia en Ohio porque a través de ella pudimos comprender que en medio de la prueba no estábamos solos. Pensábamos que conocíamos a Dios y que dependíamos de Él, pero no era así. Fuimos a Ohio con la mentalidad de mejorar la calidad de vida de Josué, y nunca imaginamos que en medio de nuestro desierto, Dios quería trabajar con nuestras vidas, con nuestro carácter, nuestro matrimonio y probar nuestra fe. Teníamos una agenda trazada, pero Dios tenía una mejor. Éramos religiosos, niños espirituales, hasta que chocamos con Él. ¡Quién diría que el cántico de unos amigos iba a tocar el corazón de una enfermera! ¡Cómo imaginar que en aquellos días en el hospital íbamos a ganar un alma para el Señor! Dios ponía personas en nuestro camino que trabajaban en el hospital de Ohio, para orar por ellas y decirles que hay esperanza en Él. Pudimos ver a los médicos reconociendo que es Dios quien tiene a Josué de pie.*

*En Ohio aprendimos a no depender de nuestras fuerzas; a depender absolutamente de Dios. Volvimos a entablar una relación íntima con Él. Comenzamos a ver la vida de otra manera, a valorar lo que tenemos y a entender que sin Él nada somos, que todo lo bueno proviene de Dios. Volvimos a caminar en fe, sin importar lo que podía estar ocurriendo a nuestro alrededor; a ver a Dios como nuestro padre, amigo, suplidor, consolador. Dios cambió nuestra mentalidad, renovó nuestro matrimonio y nuestras fuerzas. Experimentamos su cuidado y amor incondicional de una manera muy especial, y recuperamos todo lo que habíamos perdido, crecimos espiritualmente. Sin contar, además, que puso en nuestro camino a personas maravillosas para bendecirnos.*

*Hoy reafirmamos que Él es nuestro amigo fiel. Ese es el Dios al que nosotros servimos; sus caminos son perfectos, no hay nada imposible para Él. Es soberano, dueño y señor de nuestras vidas, y gracias a Él "volvimos a nacer". Ese es el mejor regalo que te podemos ofrecer; que conozcas al Dios de lo imposible, al que convirtió nuestro desierto en manantiales de aguas, y al que amamos con todo nuestro corazón.*

*Mónica y Josué*

*Un año después*

---

Al año siguiente de nuestra experiencia en Ohio, en el mes de abril del 2014, durante la celebración de la Semana Santa mi esposa y yo vivimos una inspiradora historia. Sucedió precisamente, en la semana en que recordamos la muerte y resurrección de nuestro Señor Jesucristo. Esta conmemoración me fascina, ya que es invaluable para mí el sacrificio vivo que hizo mi Señor, por ti y por mí. Una semana antes de la Semana Mayor, recibí una llamada de la esposa de un pastor para invitarme a predicar a su iglesia. Lo peculiar de esa llamada fue que la persona que me hizo la invitación, dijo que me conocía. Mientras me hablaba, se reía y me decía que aunque no reconociera su voz, sabía quién yo era y que sería un honor si aceptaba su invitación. Le dije que no había ningún problema, que asistiría a su iglesia. Antes de terminar la llamada, la esposa de aquel pastor me preguntó: *"¿Todavía no sabes con quién estás hablando?"* Le respondí que no sabía, pero que me sentía muy intrigado por saberlo. Ella se rió y me dijo: *"Tranquilo Josué, cuando nos veas lo sabrás."*

Al pasar los días, mi mente daba vueltas pensando quiénes serían estas personas y cómo sabían de mí: *"¿Será porque me vieron en la iglesia o habrán estudiado conmigo en la universidad?"* Mi esposa me preguntaba y no sabía qué responderle. Los nervios comenzaban a apoderarse de mí; la interrogante era, ¿quiénes son? Llegamos a la iglesia el día convenido y al entrar le dije a Mónica: *"¿Ves a esas personas cantando y aquellas que me están esperando en la entrada? Los reconozco; ellos iban a la iglesia a la que asistía de pequeño con mis padres."* Con toda razón decían conocerme. Recuerdo que en esa iglesia, mientras el pastor predicaba, mi madre nos daba libros de colorear y juguetes. Después de un rato, lo único que se veía eran juguetes volando. Mi hermano y yo hacíamos competencias para ver quién gateaba más rápido debajo de los bancos. Para terminar la escena, mi madre, ya molesta por nuestro comportamiento, nos sacaba de la iglesia y adentro no se escuchaban los instrumentos musicales, sino los correazos que nos ganamos por estar molestando con nuestros juegos durante el servicio religioso.

Cuando mi esposa y yo entramos por la puerta principal de la iglesia, tratamos de pasar desapercibidos; pero las personas que me conocían desde pequeño, no podían creer que aquel niño travieso se había convertido en un hombre y que era, precisamente, el predicador invitado de esa noche. El pastor, antes de anunciar mi participación, a manera de introducción comenzó a narrarle a los feligreses cómo nos habíamos conocido. De momento, empezó a dar testimonio a la iglesia sobre una experiencia impactante que vivió con su hija hace muchos años.

El pastor contó que cuando su hija era apenas una bebé, había sufrido un accidente en la cocina de la casa, quemándose gran parte de su cuerpo con agua caliente. Con lágrimas en los ojos, el pastor narró que en ese tiempo, un joven fue a visitarlos al hospital para orar por la salud de su hija. Antes de que ese joven orara por la niña, él les dijo: *"Aunque los médicos dieron su diagnóstico, Dios tiene la última palabra. Él obrará en su hija conforme a su voluntad, y de la misma manera que a mí me tiene de pie, va a obrar un milagro en la vida de su hija."*

Al terminar su testimonio, el pastor le dijo a la iglesia: *"Lo que este joven no sabe es que Dios obró en la vida de mi hija, y doce años más tarde, ella no tiene rastro alguno de aquellas quemaduras."* Llorando de alegría, continuó hablando y añadió: *"El joven de quien les hablo es el predicador de esta noche; se llama Josué Rivera y hoy ha venido a visitarnos con su esposa."* Mónica y yo quedamos asombrados por sus palabras. El pastor me preguntó si recordaba ese suceso; yo no lo había recordado, hasta ese momento. Me contó que al ver el milagro de su hija, su fe había sido aumentada y una vez más, sus ojos vieron el poder de Dios en sus vidas. Me llenó de alegría saber que doce años más tarde de ese suceso, Dios sigue mostrando a sus hijos su amor, poder y compasión. Él es un Dios de ayer, hoy y siempre.

Te cuento esta historia porque a través de ella puedes ver que la palabra se cumple cuando dice: *"Los afligidos y menesterosos buscan las aguas, y no las hay; seca está de sed su lengua; yo Jehová los oiré, yo el Dios de Israel no los desampararé. En las alturas abriré ríos, y fuentes en medio de los valles; abriré en el desierto estanques de aguas, y manantiales de aguas en la tierra seca. Daré en el desierto cedros, acacias, arrayanes y olivos; pondré en la soledad cipreses, pinos y bojes juntamente, para que vean y conozcan, y adviertan y entiendan todos, que la mano de Jehová hace esto, y que el Santo de Israel lo creó"* (Isaías 41:17-20).

Así como Dios escuchó la oración de estos padres y sanó a la niña, así mismo Dios lo quiere hacer en tu vida. Él quiere curar tus heridas y sanar tu alma. Te invito a que deposites tus cargas en Dios y dejes que Él entre a tu corazón. Te aseguro que no te arrepentirás. ¡Hoy es el día de tu milagro!

*Josué y Mónica durante la Navidad, en el hospital de Ohio.*

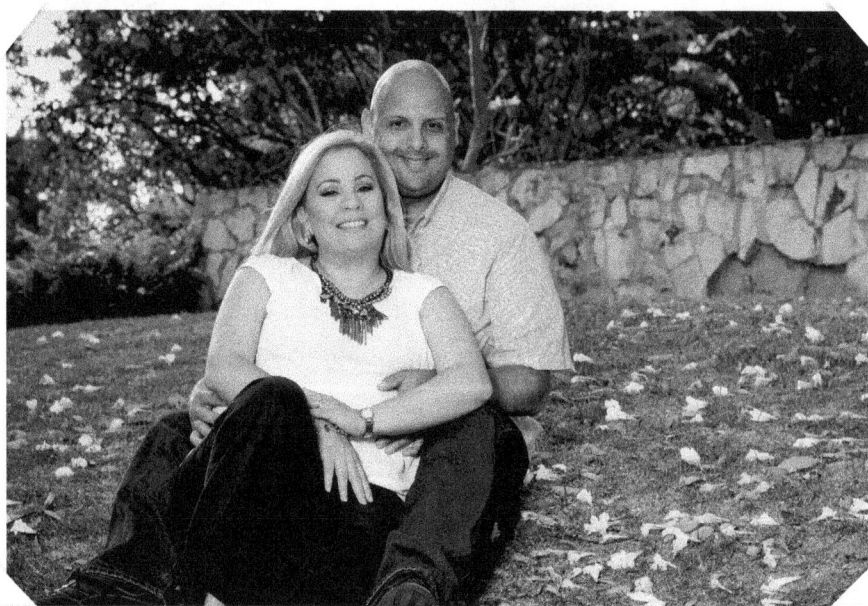

*Josué y Mónica en la actualidad.*

ÁLBUM FAMILIAR

*Mónica y Josué con sus sobrinos.*

*El autor, Josué Rivera.*

*Foto familiar, con los padres, hermanos y sobrinos de Josué.*

ÁLBUM FAMILIAR

# ¿Nacer otra vez?

〉〉〉  〉〉〉  〉〉〉

*Respondió Jesús y le dijo: De cierto, de cierto te digo,*
*que el que no naciere de nuevo, no puede ver*
*el reino de Dios. Juan 3:3*

En todos estos años que Dios me ha permitido estar de pie, por su gracia e infinita misericordia, he visto su favor en mi vida. Para que esto sucediera, tuve que darle la oportunidad a Dios de cambiar mi vida, conforme a su voluntad. He podido comprender que es mejor obedecerle, que los sacrificios. Cuando le damos el primado a Dios, Él se encarga de honrar y bendecir a sus hijos.

En el libro de Juan 3:1-16, la Biblia habla de un hombre llamado Nicodemo. Era fariseo y un hombre importante entre los judíos. Vino a Jesús de noche, y en su conversación con él, Jesús le dijo: *"De cierto, de cierto te digo, que el que no naciere de nuevo, no puede ver el reino de Dios"* (Juan 3:3). Nicodemo se preguntaba cómo nacer de nuevo, si solo se puede nacer una vez en la vida, ya que había entendido literalmente estas palabras. Jesús le decía que debía "nacer de nuevo", pero no se refería al hecho de experimentar un segundo nacimiento biológico, sino a uno *espiritual*. Se trata de un cambio absoluto, obra de la regeneración espiritual llevada a cabo por el Espíritu Santo en el corazón del pecador.

Para que esto ocurra, tiene que haber arrepentimiento; sin ese nuevo nacimiento, el ser humano no puede ver las cosas del espíritu. Cuando nacemos de nuevo tenemos vida, una relación con Dios, nuestra fe se hace viva. La Biblia dice que todo aquel que en Él cree no se pierde, más tendrá vida eterna. Así como Nicodemo, Dios desea realizar una transformación en tu vida, como lo hizo conmigo y con los protagonistas de estas historias. Cada uno de nosotros, los personajes de estas vivencias que te he contado, tenemos algo en común; queríamos, anhelábamos y deseábamos nacer de nuevo.

Quiero que sepas que este proyecto se hizo pensando en ti. Aunque no te conozca, el Dios del cielo y de la tierra sí te conoce, y envió a su Hijo a morir por ti y por mí. Llevó todas nuestras enfermedades, problemas y tribulaciones a la cruz del calvario, y derramó su sangre por nuestros pecados para darnos vida eterna. Resucitó al tercer día y no nos dejó huérfanos, nos envió al Consolador, el Espíritu Santo, para guiarnos a toda verdad y justicia. Fue Él quien puso en mi corazón contarte esta historia, porque te ama y desea que *vuelvas a nacer*. No fue fácil abrir mi corazón y contar mi historia; tampoco lo fue pedir a mi familia que recordara sucesos que estaban enterrados en su memoria. Debo reconocer que ni yo mismo quería desenterrarlos.

Por mucho tiempo, mis lágrimas fueron mi pan de día y de noche. Te confieso que hubo momentos en que estuve a punto de no plasmar mis vivencias en este libro; pero el amor que Dios puso en mi corazón *por ti*, era más fuerte que yo y todas las reservas que mi mente pudiera crear. Dios tiene un plan para cada uno de nosotros y es necesario que ese plan se cumpla, pero para que eso suceda, tienes que *volver a nacer;* volver a creer en sus promesas, creer que Dios es suficiente, creer que todo lo puede, que hay esperanza y no hay nada imposible para Él. Yo soy vivo ejemplo de lo que Dios hace cuando nos rendimos ante Él y nos ponemos a su disposición sin reservas. Dice la Biblia en Ezequiel 18:31,32: *"Echad de vosotros todas vuestras transgresiones con que habéis pecado, y haceos un corazón nuevo y un espíritu nuevo. ¿Por qué moriréis, casa de Israel? Porque no quiero la muerte del que muere, dice Jehová el Señor; convertíos, pues, y viviréis."*

¿Qué tienes que hacer para *volver a nacer?* Es tan sencillo como aceptar a Jesús como tu único Salvador. La Biblia dice en Romanos 10:9,10, *"que si confesares con tu boca que Jesús es el Señor, y creyeres en tu corazón que Dios le levantó de los muertos, serás salvo. Porque con el corazón se cree para justicia, pero con la boca se confiesa para salvación."[7]* Allí donde te encuentres, repite conmigo lo siguiente: *"Creo en mi corazón y confieso con mi boca que Jesús es el Señor; que está vivo, que resucitó entre los muertos y que está sentado a la diestra del Padre. Te confieso, Jesús, como mi salvador; entra en mi corazón, perdona mis pecados y escribe mi nombre en el libro de la vida. Hoy soy salvo por la fe."*

Gracias por abrirme las puertas de tu hogar, y espero que hayas abierto, también, las de tu corazón. Deseo conocerte pronto y me cuentes las experiencias vividas a partir del día en que volviste a nacer. ¡Que el Señor te bendiga!

Josué Rivera Villamil y Mónica Padilla llevan 13 años de matrimonio. Josué forma parte del Cuerpo de Diáconos de la Junta de Gobierno de la iglesia *El Caballero de la Cruz*, desde el año 2001. Esta iglesia es pastoreada por Iris Nanette Torres Padilla, en la ciudad de Bayamón, Puerto Rico.

Mónica se ha desempeñado en el campo misionero desde el año 1995 junto a su pastora y el Grupo Misionero de la iglesia. Ha viajado como parte de este grupo a diferentes países del Centro y Sur América, y el Caribe, donde obtuvo experiencias inolvidables.

Actualmente, Mónica y Josué trabajan juntos en el proyecto *"Volver a Nacer"*, con el cual están impactando a las iglesias y familias que viven situaciones difíciles, llevando las buenas nuevas de salvación, y recordándoles que no están solos en su proceso. Siempre hay esperanza.

Fotografías: Melanie Fonseca

1. What is lupus? *Lupus Foundation of America*. Recuperado en: www. lupus.org.

2. About Lupus. *Lupus Research Alliance (Formerly S.L.E Lupus Foundation)*. Recuperado en: www.lupusny.org.

3. Depression. *World Health Organization*. Recuperado en www.who.int/mediacentre/.

4. The Big Questions. *Homeschool Legal Defense Association*. Recuperado en http://www.hslda.org/espanol/.

5. ¿Qué es el síncope vasovagal? (2016). *Web del corazón*. Recuperado en: http://www.webdelcorazon.com/index.php/preguntas/cardiopatias/59-ique-es-un-sincope-vasovagal.html.

6. Pozo Román, Jesús. (2014). Crecimiento en los niños. *En Familia*. Recuperado en: http://enfamilia.aeped.es/edades-etapas/crecimiento-en-ninos.

7. Todas las citas bíblicas fueron tomadas de la versión *Reina-Valera (RVR 1960)*, Sociedades Bíblicas en América Latina, 1960. Disponible en: www.biblegateway.com.

www.ingramcontent.com/pod-product-compliance
Lightning Source LLC
Chambersburg PA
CBHW060207070426
42447CB00035B/2783